한국베이비박스문인협회가 걸어온 길

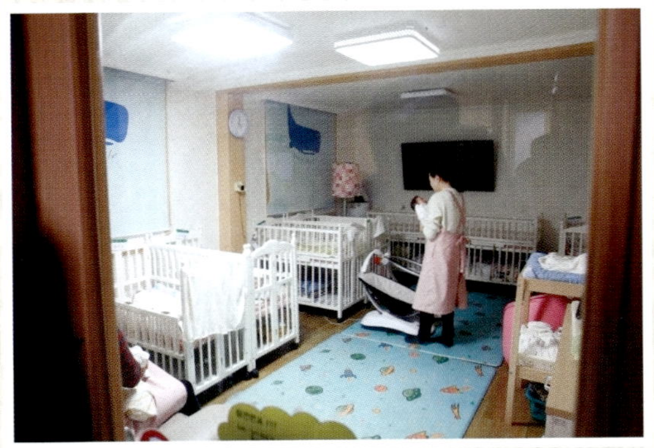

아기들이 처음 머무는 방

베이비박스 설치 10년 1,674명의 아기에게 희망을 주신 모든 분께 감사드립니다 — 淸雨

참여 시인들이 모여 한 줄기 소망의 마음을 모아 봅니다

베이비박스 앞 비탈길에서….

2차 후원금 전달을 위해
새로 단장한 베이비박스를 방문

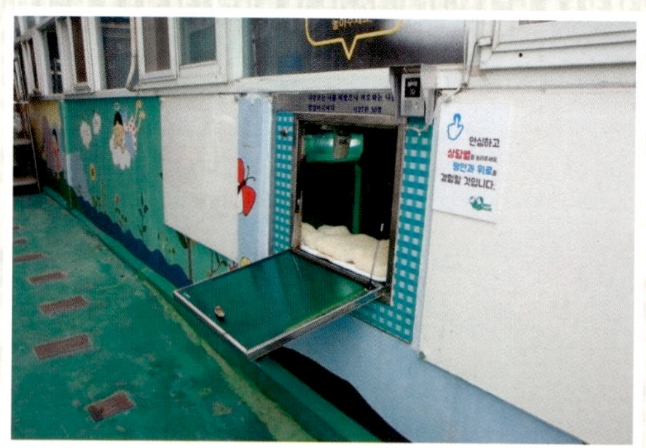

늘 비어 있었으면 좋으련만….

안쪽으로 문이 연결되어
벨 소리에 신속하게 대응합니다

좁은 골목 안 오늘도 무사히
지나가기를….

제5집 출판회를 마치고
함께 현장 방문

이전과는 또 다른 모습으로
안타까운 사연을 기다립니다

리모델링 공사 중입니다

제5집 출판기념회 개회사

대금을 연주하여 주시고
시 낭송을 하는 서수정 시인

참여 시인으로, 사진기자로
장봉균 시인님이 애써
주셨습니다

모두가 한마음이 되어
시 낭송에 촉촉이 젖어 봅니다

출판회를 빛내 주신 세 분께
진심으로 감사드립니다

제4회 베이비박스 문학상을
받은 손장순 시인님

주사랑공동체에 제5집
베이비박스 후원금을 전달

출판회의 꽃, 축하케이크
절단식입니다

곳곳을 돌며 꼼꼼하게
설명해 주셨습니다

제6집 참여 시인들의 인증사진

먼 길 오신 축하 손님들과도
아름다운 추억을 남겨 봅니다

앞으로도 지속적인 관심과
도움을 부탁드립니다

출판기념회 함께해 주시고
후원해 주신 모든 분께
진심으로 감사드립니다

베이비박스에
희망을 싣고

– 제6집 –

한국베이비박스문인협회

고은주 김동광 김장미 김정오 문문자 박순옥
서수정 선지현 손장순 신현각 우현식 이금주
이미선 이원구 장봉균 장선호 정이란

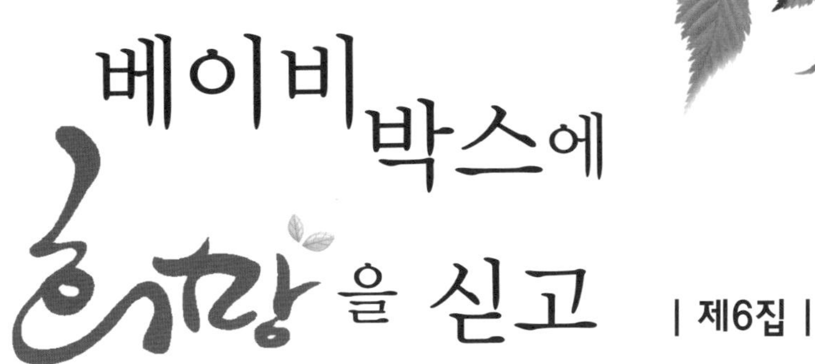

한국베이비박스문인협회

| 발간사 |

『베이비박스에 희망을 싣고』 제6집에 부쳐

생명이 다시 한번 태어나는 지상에서 가장 작은 방을 아시나요? 2019년 12월은 베이비박스 설치 10년째 되는 해입니다. 그동안 1,674여 명의 아이들에게 도움을 주신 모든 분께 감사드립니다. 자연이 아름다운 건 변함없는 모습 때문이 아닐까 생각합니다. 제6집이 나오도록 변함없는 모습으로 함께해 주신 희망 시인들과 시집을 구입해 주시고 후원해 주신 모든 분께 감사드립니다.

올해도 시인들의 자발적인 참여로 17명의 시인들이 제6집으로 다시금 사회에 도움을 호소합니다. 희망 시집 한 권을 구입하는 것은 어찌 보면 사소한 일인지도 모릅니다. 그러나 베이비박스 아이들에겐 희망을 선물하는 것입니다.

이곳 시인들의 모임은 다른 문인들의 단체와 다른 봉사를 목적으로 시작하여 베이비박스 홍보를 6년째 꾸준히 해오고 있는 국내 유일의 문학 봉사단체입니다.

모든 단체가 부흥을 꿈꾸지만, 우리 한국베이비박스문인협회는 국가와 사회의 적극적인 관심으로 사라지는 것을 꿈꾸는 단체이기도 합니다. 새로운 삶을 시작하는 아이들을 위하여 시집을 구입하고, 기도하여 주신다면 감사하겠습니다. 저희 시인들도 더욱 진솔한 글로 봉사하며 사랑을 실천하도록 노력하겠습니다.

길어진 그림자를 달래며
다홍으로 물든 하늘을 보면
가슴에 스며드는 햇살 한 움큼
당신은 그런 사람입니다

빛나는 별 하나 찾으며
어둠에 잠든 허공을 바라보면
내 눈에만 보이는 햇살 한 줄기
당신은 그런 사람입니다

— 김정오, 「햇살 같은 사랑」 일부

베이비박스에는 매월 평균 16~18명의 아기가 보호받고 있습니다. 그중 상담과 권유로 10%, 비공식적으로 30%의 아기들이 친부모 품으로 돌아갑니다. 출생신고의 어려움이나 불가피한 경우 시설보다 좋은 부모를 만날 수 있도록 입양이 활성화되어야 하지만, 현재의 정부 정책으로 어려움이 많습니다.

베이비박스는 아이를 유기하는 곳이 아닙니다. 잘못한 부모들이 갖은 고민 끝에 아이들을 살리기 위해 마지막으로 찾는 곳입니다.

베이비박스에 보호된 아이들이 좋은 환경에서 축복과 사랑을 받으며 자랄 수 있도록 기도하여 주시기 바랍니다. 또한 모두의 관심과 사랑으로 아이들에게 세상의 따스함을 보여 주시기 바랍니다.

2020년 1월
한국베이비박스문인협회
대표 淸雨 장선호

고은주

김동광

김장미

김정오

문문자

박순옥

서 수 정

선 지 현

손 장 순

신현각

우현식

이금주

이미선

이원구

장봉균

장선호

정이란

“

시집 한 권 값이면,
천사들이 먹을 분유가 생깁니다.
이 시집을 구입하시면
행복바이러스에 전염됩니다.

”

베이비박스에
희망을 싣고

- 제6집 -

고은주

solbeolgang@hanmail.net

작 품

- 생명의 방주
- 새날
- 겨울 길에서
- 영원의 꽃
- 봄을 꿈꾸며
- 여름의 주문
- 바람의 뜰

프로필

- 전북대 국어국문과 졸업
- 월간 『문학세계』 시 부문 등단(2015년)
- 제2회 베이비박스 문학상 수상
- 제2회 詩끌리오 작가상 수상
- 문학세계문인회 정회원
- 전북문인협회 회원
- 전주시문인협회 회원
- 착각의 시학 회원
- 한국베이비박스문인협회 회원
- 공저 : 『하늘비 산방』(제7호, 제8호)
  『한국을 빛낸 문인』(2017년)
  『詩 물구나무서기』(제11호)
  『詩와 詩 사이』(제12호)
  『詩 끌리오』(제13호)
  『베이비박스에 희망을 싣고』(제3집) 외 다수

생명의 방주 외 6편

빛도 가늠할 수 없는
깊은 어둠의 바다로
오직 이르는 것은
생명의 고동 소리

잔물결 쉼 없는 바다를
돛대도 없이 약 삼백 일
밤하늘 길잡이 북극성처럼
오로지 핏줄 따라나선 길

혼돈과 침묵의 깊은 동굴을 나와
하늘의 문을 여는 너의 몸짓
어느 별에서 왔을까

젖줄이 흐르는 나일강 위로
눈물과 소망이 바구니에 담겨져
아기 모세처럼 이른 곳
생명의 방주!

봄을 꿈꾸며

스무 살 내 봄은
툰드라의 작은 들꽃처럼
때론 어떤 흔적도 찾기 힘든
저 오래된 중생대 지층처럼

구름 낀 밤하늘
별 볼 일 없는 날
소쩍새 울음에 묻혀
분분히 날리는 벚꽃으로

스무 살 여린 계절은
봄눈처럼 갔습니다

잠잠할 틈 없던 여름이 가고
목청 좋은 귀뚜라미 노랫소리
풀숲에 자박자박 잠기는 시월의 밤

은빛 억새꽃 위로
거북이 등 같은 반달
살풋이 오르는 푸르른 가을밤에
내가 서 있습니다

은하수 내리는 밤의 계곡으로
무수한 가을꽃 피고 진 어느 날
마른 꽃대궁 위로 무서리 내릴지라도
꼿꼿이 허리를 펴고 눈꽃을 피울 때까지
한 폭의 채색화로 남고 싶습니다

새날

새벽이슬 내리는 땅으로 심겨진
가나안의 포도나무꽃들이 피면
새봄이 오리라!

부연 먼지만 안개처럼 일어나고
집 없는 바람이 들짐승처럼
종일 방황하며 울며 사는 그곳으로
비가 내리면 늦은 비가 내려 준다면

갈라진 마른 땅은 물을 머금고
땅속 깊이 잠들던 씨앗들 깨워
새 땅의 열매를 내리라!

여름의 주문

찢겨진 궁창 아래로
구름아, 구름아 단비를 뿌릴지어다
검은 땅이 말갛게 씻겨지도록

땅이여, 붉은 흙이여
닫힌 입을 벌리고 내린 빗물을 가득 삼켜
닳지 않는 샘들을 뿜어낼지어다

하늘과 하늘들이여, 푸르게 열릴지어다
마른 포도나무 가지에 푸른 움들이 돋고
한여름 방울방울 땀방울 맺히듯
열리는 참 포도를 위하여

골짜기 깊은 산허리 날빛을 들이면
치마처럼 두른 무성한 안개 걷히고
젖줄 같은 강물이 흘러 마르지 않는 땅이 드러날 때
씨 맺는 알곡과 기쁨의 나무들이여
시들지 않는 열매를 낼지어다

겨울 길에서

서리꽃 내려앉아 허연 들녘으로
가을을 벗지 못한 외투를 걸치고
길을 나서는 스무 살 청년
어디로 가는 걸까

갈빗대 안으로 품은 붉은 심장에서
펄떡펄떡 솟구치는 피는 구석구석 휘돌아
그의 마음은 하늘도 날 듯하건만

멀리서도 움츠러든 어깨
고개 꺾인 구부정한 등으로
올라탄 세월이 보여

호박잎에 서리 내리듯
시나브로 푸른 꿈들이 스러진
입김에 한숨 번지는 겨울 들판을
홀로 천천히 걷고 있다

시린 손 함께 잡고 걸어 줄 사람 있다면
가시 돋친 고슴도치 같은 산허리에
핏빛 동백꽃이라도 듬성듬성 피어 준다면
가는 길 외롭지 않을 텐데….

해 짧아 온기 잃는 들녘으로
구부러진 길 위로 마냥 걷는 지금
겨울 철새들 날개를 접고 모여들어
저물도록 부스러기 먹이 찾아 헤매는 들녘
지평선으로 노을이 숯불처럼 피어오른다

바람의 뜰

여름의 사춘기는 사그라들었나
구월은 순한 낯빛을 하고
수줍은 듯 조심스레 옵니다

별처럼 핀 길섶의 쑥부쟁이
꼬리털 같은 억새꽃 사이
입술을 열어 가을을 노래하는
고슴도치 같은 밤송이들을 지나
페인트칠 벗겨진 낡은 대문을 열고….

구월의 바람은 알았으려나
담장 곁으로 줄지어 서 있는 접시꽃
맘껏 여름을 즐기던 백일홍들이
가을 태풍 지난 자리에도 꼿꼿하건만
엄마의 뜰은 늘 길게 구부러진 걸

어느덧 쉰 고개 넘은 딸을 보고도
무엇 하나 못 미더운 듯 조마조마 잔소리
엄마의 마음을 알기라도 하는 듯
철모르고 꽃 피는 엄마의 뜰에는
오늘도 소소한 바람이 일렁입니다

영원의 꽃

마른 뼈 같은 가지에 물오르고
봉긋한 꽃눈 틔우고 새잎 피워
활짝 핀 꽃자리에 당글당글 열매 맺음도
다름 아닌 모두 너였음을

누구라도 보는 두 눈은 있다지만
춤추듯 뻗어가는 네 모습을
그 누가 쉬이보고 어여쁘다 말할까

썩어 버려지고 짓밟히는 낮은 땅속을 더듬어
부루퉁한 모난 돌덩이들 어르고 손으로 감싸면서
가뭄에도 마르지 않는 신비의 젖을 내어 먹이며
곧게 위로 세우고 안으로 속을 다져가며
살뜰히 키우는 너는 엄마야

흙에 스민 실핏줄 뿌리들이여
빛도 들지 않는 어둠으로 깊게 뻗어내려도
하늘의 찬란한 빛을 들여 살아가는
푸른 생명을 움켜쥔 뿌리들이여
너는 진정 영원한 꽃이라!

월광 김동광

작품

- 물의 언덕
- 새가 날 때 들리는 소리
- 명시를 읽으면서
- 빈 채로 있는 하늘의 여백

프로필

- 충남 논산 출생
- 계간 『시세계』 시 부문 등단(2015년)
- 『한국시조문학』 시조 부문 등단(2016년)
- 문학세계문인회 회원
- 한국시조문학진흥회 회원
- 한국베이비박스문인협회 회원
- 논산신문 지국 경영
- 공저 : 『베이비박스에 희망을 싣고』(제1, 2, 4, 5집)

물의 언덕 외 3편

고래는 바다를 떠났다고 단정했지만
밤마다 검은 이별을 할 때면
누군가 그려낸 노랑 파랑 빨강 고래는
호로의 물길 따라 틈 좁은 골목을 올랐다
어느 지하방에서 여자를 희롱할 때
불쑥
그 여자 가슴에 얼굴 내민 고래
아,
거기 있었구나
달이 동백을 키운다는 언덕 어디쯤에서
물의 땅을 가리키는 하얀 손
다시 모호해진
남쪽 어딘가에 놓고 온
모항의 길

새가 날 때 들리는 소리

젖은 발이 있습니다
진화를 멈춘 아이처럼 발톱이 네 개뿐인
작업화는 늘 양지쪽입니다
한 계절이 지나면 마른손을 씻고
마평 들판을 지날 때면 가려운 발바닥입니다
어느 건달의 순정을 풀어 붉은 노을을 볼까요
요란한 사이렌도 전화 한 통화로 고요에 잠깁니다
불편한 한 편의 시가 외면한 비명이지만 오늘 밤
별을 따라 걷는 길이 질척합니다
선명해서 더 아픈 노랑 낫 달이
키 작은 배롱나무만 붉은 계절이라 했습니다
툭, 건들면 쏟아지는 아픔도
비릿함에 묻히는 골목은 이상할 게 없습니다
젖은 담배의 쓴맛이 살아온 맛이었다면
팥빙수를 먹지 못할 거라 생각했지만
한철 사랑한 기억을 파먹습니다
잠들면 늘 만나는 사람들이 있듯
보고, 듣고, 느껴지는 하루,
깜깜한 밤이면 뭘 해도 좋습니다

명시를 읽으면서

가난한 내가 글을 쓴다

비 오는 날 늦은 점심을 노랑 옷을 입고 먹었고 자판 커피를 세 잔째 마시며 일과 끝을 적지만 아는 만큼만 늘어난 행이었다

내 머릿속에 가장 그리운 단어가 무엇일까

밤마다 별을 향해 가지만 아침이면 조롱의 눈빛들이 많았다

별반 잘난 것 없는 사람들이 수군대다 흩어졌다

밀린 일수가 신경 쓰이는 날이면
며칠 늦게 입금되는 월급

비 오는 날 시를 쓴다면
얼만큼의 행을 적어야 할까
눅눅한 몇 개의 감정들
이런 날

빈 개집에서 고양이가 얼굴을 내민다

빈 채로 있는 하늘의 여백

그게 나무였는지 모르겠지만 한철 봄이라 웃고
한철 겨울이라 떨었습니다
달 하나에 태양이 셋이지만 혼란하지 않았습니다
아득하던 길에 꽃이 피고 썩어지는 시체를 봤습니다
한철 소낙비가 내리고 어느 날인가 쓸쓸해졌습니다
기르던 개가 없어지면 가난해서 싫은 적이 없었습니다
오늘은 난해한 시를 읽었지만 신비롭지 않았습니다
술병이 기울어 달도 누워버린 날은 잠을 잡니다
어허 어야 워낭 같은 소리에 일어나면
어머니,
어느 날처럼 그렇게 오십시오
그 흔한 날
해체시킨 글 하나 보이겠습니다

김장미

rose353541@gmail.com

작 품

- 난곡동 마리아
- 한계 그 끝과 사람
- 가을이 온다면
- 아픔의 온도
- 다르다지만 같은 상자인걸요

프로필

- 경북 영천 출생
- 월간 『문학세계』 시 부문 등단(2016년)
- 문학세계문인회 정회원
- 한국베이비박스문인협회 회원
- 시집 : 『사랑은 말도 없이 눈물이 되어』
- 공저 : 『베이비박스에 희망을 싣고』(제3~5집)

난곡동 마리아 외 4편

수없는 기도 속에서 퍼지는 파멸
한 걸음 한 걸음 디뎌온 발걸음
헤매이던 어미는 치매가 걸리고
바랜 기억만이 머물렀던 자리에 남습니다

그저 그랬었거니
담담히 묻힌 기억일지도 모릅니다
내 어미도 내 어미의 어미의 어미도
몰랐을 무채색의 아픔

울며불며 매달리는 선홍색의 여린 혈육
저리도 서럽게 어미를 목놓아 부르는데
돌아서는 발걸음이 귀도 없고 눈도 없습니다
잃어버린 이름조차 망각한 채 바람 속에 묻혀버립니다

마리아 마리아 난곡동 마리아
내 어미가 내 어미고 내가 내 어미다
마리아 마리아 난곡동 마리아
내가 어미다 내가 어미다
울지 마라 아가야

한계 그 끝과 사람

일그러진 수줍은 용기
바닥에 떨어진 동공은
습관처럼 늘 가던 길만 재촉합니다

빨간불이 켜지면 멈춰서
그들과 선을 맞추고
파란불이 켜지면
그들과 경쟁을 합니다

끝과 시작은 늘 그 자리인데
마침표는 끝이 하고
시작은 느낌표가 합니다
차별 아닌 차별의 한계점입니다

가을이 온다면

꽃이 진다면 이별이겠지만
가을이 온다면 아름다움이겠지요
그대 처음 내게 온 그때처럼 말이에요

잊혀진 계절이 당신을 기억해 낼 즈음
꽃은 지고 푸름은 붉게 웃으며
낙화를 준비해요

가끔은 산화되는 불멸의 아픔이
서린 가지 끝에 달빛이 내려오면
장승 곡을 부르곤 해요

회벽칠한 도시의 뒷골목
머쓱한 포장마차 한켠에는
뜨끈한 우동 국물 후루룩 떠올리며
그대의 소주잔에는 수줍은
내가 담겨져 있어요

아픔의 온도

당신의 아픔이 몇 도인지 몰랐습니다
계기판에 뿌옇게 엉겨 붙은 숫자들이 비웃을 때마다
성긴 마음들이 올라붙어서는
서러워서 볼 수가 없었습니다

핑계라면 핑계일지도 모르지만
알지 못한 인간의 반쪽 낯이었는지도 모릅니다
흘깃 한번 훑어보더니 반만치 달아나 버렸으니까요

잃어버렸거나
외면해 버렸거나
느끼지 못한 미열이 온밤을 휘저어놓고
태양처럼 끓어올라 보라며 핀잔을 주네요

참 몹쓸 사람

다르다지만 같은 상자인걸요
— 비웃지 말아요

비웃습니다
달라도 너무 다르다고

핀란드는 축복이고
한국은 슬픔이라고

그렇지 않습니다
그런 게 아니에요

비웃지 말아주세요
아기를 품어주는 어미의 품이 필란드산이 어디 있고
한국산이 어디 있나요?

김정오

dr2am1004@naver.com

작 품

- 아이에게
- 별
- 바라보다
- 첫눈의 독백
- 달빛에게
- 햇살 같은 사랑
- 사람을 잃는다는 건

프로필

- 계간 『시세계』 시 부문 등단(2015년)
- 월간 『문학세계』 동시 부문 등단(2015년)
- 제13회 시세계문학상 시 부문 본상 수상
- 제12회 김장생문학상 시조 부문 수상
- 대한교육신문 문학상 동시 부문 대상 수상
- 한양문인회 정회원
- 한국베이비박스문인협회 회원
- 시소놀이터 동인
- 공저 : 『베이비박스에 희망을 싣고』(제2~5집)
  『한국을 빛낸 문인』(2015년)

아이에게 외 6편

아이야
알고 있니

가장 먼저 떠오르는
태양의 미소

한낮의 더위를 식히는
바람의 노래

햇살을 머금은
호수의 반짝임

하늘을 물들인
노을의 이야기

가장 밝게 빛나는
별님의 꿈

세상이 너에게 주는
선물이란다

세상은
슬픔보다 기쁨이

이별보다 사랑이
눈물보다 미소가
더 가득하단다

혼자가 아니라
모두의 축복으로
더 큰 행복이 찾아올 거야

달빛에게

달빛이 보고 싶은 밤
그저 멀찍이서 안부를 묻는다
보고 싶다고
보고 싶었다고

잠시 잊은 줄 알았는데
그저 마음속에 고이 숨겨두고
홀로 짝사랑하고 있었다고

은빛으로 내리는 달빛에
충분히 내 창은 반짝이고
내일로 데려다줄 시간의 마법에
밤잠을 설친다

별

별을 꿈꾸는 당신을 따라
하늘을 올려보다가

쿵~~
가슴에 떨어진 별 하나

나도 별이 되었습니다

햇살 같은 사랑

이른 아침 기지개를 켜며
가느다랗게 실눈을 뜨면
어렴풋이 들어오는 햇살 한 줄기
당신은 그런 사람입니다

기분 좋은 노래를 들으며
향긋한 커피 한 잔을 준비하면
찻잔에 내려앉은 햇살 한 스푼
당신은 그런 사람입니다

무거운 눈꺼풀을 달래며
나른한 오후 책장을 넘기면
어깨에 기댄 햇살 한 조각
당신은 그런 사람입니다

길어진 그림자를 달래며
다홍으로 물든 하늘을 보면
가슴에 스며드는 햇살 한 움큼
당신은 그런 사람입니다

빛나는 별 하나 찾으며
어둠에 잠든 허공을 바라보면

내 눈에만 보이는 햇살 한 줄기
당신은 그런 사람입니다

당신은 내게 그런 사람입니다

바라보다

바라본다는 건

지는 노을에 물든 하늘과
어둠에서 빛나는 별과
아침을 밝히는 태양이
나의 꿈이 되는 것

바람결을 따라
향기로운 숨결 끝
그대를 꿈꾸는 것

창문에 맺힌 빗방울과
춤추며 내리는 낙엽과
하얗게 내려앉은 눈송이가
나의 노래가 되는 것

그저 그런 내가
그대에게 의미 있는
내가 되어 가는 것

너와 내가
같은 곳을 바라본다는 건
이미
같은 꿈을 꾸고 있다는 것

사람을 잃는다는 건

참 아픈 일이죠

나를 방어하고
나를 변명하고
나를 감추고
계절을 탓하고
시간을 탓하고
하물며 무심한 그림자를 탓하고

모든 건 타인의 탓이라
스스로를 토닥이다가

홀로 남겨져서야
느끼는 이기심
빈손이 되어서야
알게 된 욕심
시간이 흐르고서야
보이는 진심

한 해의 마무리를 앞두고
생각이 많아지는 밤

사람을 잃는다는 건
시간을 잃어버리는 것

첫눈의 독백

그립다
아련하다
설렌다

나를 기다리는 사람들은
겨울의 떨림을 기억하고

깨끗하다
순결하다
빛난다

나를 바라보는 사람들은
새하얀 마음이 된다

사랑의 추억으로 평생 새겨진 사랑
해마다 첫눈 오는 날이면 떠오를 사랑

차곡차곡 쌓인 사연들은
사랑이라는 이름으로
나를 살게 하고
나는 또
따뜻한 겨울을 그려간다

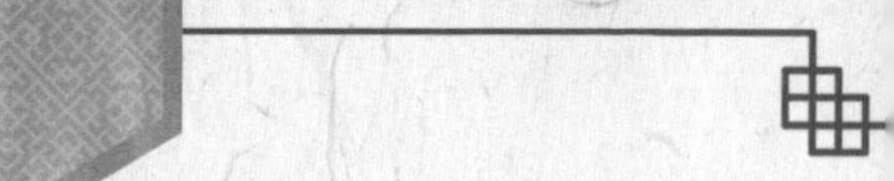

문문자

ssiloam@hanmail.net

작 품

- 아가에게
- 화장품
- 별
- 엄마의 조끼
- 매미
- 희망
- 계란찜

프로필

- 경북 김천 출생
- 계간 『시세계』 시 부문 등단(2015년)
- 독도문학상 대상 수상
- 한국베이비박스문인협회 회원
- 아모레퍼시픽(대경특약점) 운영
- 시집 : 『지슴들도 사랑하면 연리지가 될 거야』
- 공저 : 『베이비박스에 희망을 싣고』(제2, 3, 5집)

아가에게 외 6편

코스모스 날개처럼
하늘하늘한 손을 잡고
투명한 영혼에 기도를 한다
고운 손에 큰 주먹을 들고
세상을 안고 춤추기를

꽃잎 같은 분홍빛 얼굴에
사랑의 온기가 따뜻하고
뜻 모를 미소는 설레게 한다
네 작은 하품에 가슴이 뛰고
숨소리에 세상마저 울리기를

움츠린 발가락이 도도하다
얼마나 많은 세상을 뛰고
얼마나 많은 길을 찾을까

분홍 저고리 초록 치마를 입은
코스모스 길을 따라
가을을 수놓으며 노래하는
단풍나무들 품에 안겨

우리들의 세상에
아름다운 길을 만들고
높은 하늘을 끝없이 날으리라

매미

밤을 꼬박 새고 있는
에어컨의 바람 속엔
그 사람의 향기가 가득하고

몰래 연 창문 사이로
아침의 바람이 스며들어
묘한 조화로움은
햇살에 미소를 머금었다

세상의 근심을 놓고
휴가 온 큰아들의 매미 소리는
거실 가득 시끄러운 평화를 외치고

이것저것 출근 준비에
몸은 습관처럼 자동으로 움직이며
소소한 늘 같은 아침이
유난히 마음을 흔들어 깨운다

힘든 어제의 시간은 흘렀다
내일은 맘껏 행복을 가질 거야
아니 이른 아침,
벌써 내게로 와 있었다

한 가방 행복을 싣고
뜨거운 태양을 맞으러 가야지
매미 노랫소리 정겹게
드러렁드러렁
귓전을 따라나선다

화장품

하루를 새롭게 산다
어제의 힘든 모습을 잊고
숨은 얼굴을 찾아낸다

밝은 태양을 맞으러
색조의 마술을 부리면
거칠은 대지는
화사한 빛을 얹고
자존심마저 피어난다

슬픈 날엔
장밋빛 입술을 깨무리라
미련의 강한 스킨을 뿌리고
내 모습마저 그저 잊을
진한 화장으로 세상을 맞으리
때 지난 봄의 향수를
깊이 삼키리라

변하는 건 바뀌는 게 아니다
마음의 오색 빛을
도화지 얼굴에 그려내듯
화장하는 여신의 모습은
영원한 무죄이다

가꾸지 않는 여인은
다듬지 않은 야산이어라
보다듬고 토닥이고
소복히 정성을 쌓으면
잔잔해진 대지 위에
만 가지의 꽃이 피어난다

희망

빗방울 사이에 숨을 수 있을까
피하듯 몸을 좁힌다

누군가의 애달픈 눈물인가
누군가의 행복한 웃음일까

갈 곳도 기다림도 잊었지만
거센 바람 탓에 의도는 뭉개진다

어찌 뜻대로만 살 것인가
때론 흔들려 섞이기도
또 하루는 너를 위해 살리라

가슴엔 늘 비가 내렸다
슬픔도 기쁨도 배워버린
중년의 속은 장마처럼 촉촉하다

빗속에 숨어 운다
눈물이 닳고 빛을 안으면
작은 풀 한 포기 심어야겠다

별

긴 터널을 지나온 듯
깜박이는 눈동자가 처연하다
잃었던 시간을
오늘 밤엔 보상받자

아침이면 태양의 질투에
또 다른 날은 구름의 시기에
웃는 날만큼 슬픈 날도 많을 거야

별이 지면 늘
또 이렇게 노래한다
그립다 별 보고 싶다 별

별은 후회하지 않는다
단지,
이 밤을 마지막처럼 빛날 뿐

사랑한다 별
오늘 밤은
밤이라도 새려나 보다

계란찜

새벽별 졸음을 쫓는
수탉의 인사에
연붉은 동 트임이 바쁘다

괜한 헛기침은
아직 더 자라고 토닥이는
아버지의 따뜻한 숨이고
숨의 향기는 아버지의 냄새였다
방 안 가득한 향수에
점점 이불 깊숙이 숨어들 때면

한 줌의 겨를 들고
닭장을 향하는 늘상의 아침인사
알은 복댕이가 낳고
어째 네놈이 더 시끄럽노
수탉을 훠이 훠이 쫓으며
따끈한 달걀을 꺼내온다

계란찜은 아버지 몫이다
반찬 투정에 울먹이면
한술 뜨는 시늉으로

살며시 내게로 밀치셨지
계란찜은 내 몫이다

계란찜을 하고 싶다
원 없이 해드리고
아버지의 숨 속에 안기고 싶다

이젠 그 노란 계란찜을
모두 다 드릴 수 있으련만
숨의 향기를 잃어
드릴 수가 없는 또 나의 몫이다

엄마의 조끼

갈라진 고동색 틈새엔
쉼 없이 뜨개실이 스치고
엄마의 겨울 손은
요술을 부리더니
도톰한 조끼를 낳았다

실타래는 작아져
엄마의 마음을 재촉하고
한 올씩 쌓이는 의미는
겨울을 녹이고
내 안의 난로를 지핀다

하얀 눈빛을 펴다가
꽃잎을 올리고
장남의 곰이 달리고
막내의 토끼가 춤추고
나를 닮은 듯
하얀 새는 가슴 위를 난다

엄마를 입고 있다
거친 손 내음
가쁜 숨소리

흐뭇한 주름은 파도처럼
겨울을 밀고
봄의 기억을 외친다

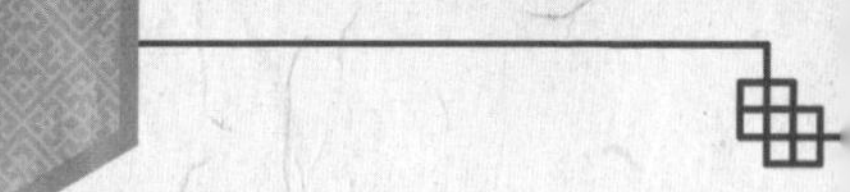

연심 박 순 옥

sim0097@hanmail.net

작 품

- 희망 실은 벨 소리
- 경칩
- 나만의 늦은 아침에
- 봄
- 새해 아침
- 단풍 구경
- 구름

프로필

- 『서정문학』 등단(2015년)
- 남제문학작가상 수상
- 시와수상문학상 수상
- 한국문인협회 회원
- 다솔문학 고문
- 시집 : 『커피 내리는 아침』
- 동인지 : 다솔문학동인지 『초록물결』 외 다수

희망 실은 벨 소리 외 6편

이번 달 들어 벌써
세 번째 벨이 울린다

어떤 연유로
탯줄도 끊지 못하고
엄마 품을 떠나
베이비박스에 온 걸까

잘 품어주지도 못하고
떼어놓고 가는 어미의
저 아픈 마음 누가 알까?

새해 아침

너를 장대로 따내려
그릇에 담아놓고
매일 보고 싶지만
그럴 수가 없어
마음에만 품어본다

너로 인해
뜨거워진 마음
간절한 바람을 채워가는
한 해 희망이 되기를

경칩

잠에서 깬 개구리
폴짝 튀어나왔더니
살짝 내려앉은 서리에
발 시려 깜짝 놀라고

어제 내린 비에
샤워 마친 새싹들
맑은 얼굴 내밀어 보지만

불어오는 찬 바람에
감기 들기
딱 좋은 날

단풍 구경

나는 보았다
먼 산꼭대기
붉은 치마
노란 저고리 흔들며
유혹하는 그녀 모습을

이 가을날
예쁜 게 어디 그녀뿐이랴
손 씻고, 눈 닦고
찾아보아도
그녀만큼 예쁜 모습은 없었다

나만의 늦은 아침에

창문을 열면
파도 없는 바다같이 조용한 하늘
맑아지는 머릿속
산발한 머리카락 쓸어올리고
기지개를 켠다

찻잔에 커피를 따르고
오늘이란 선물에
감사하는 마음 담아
하루를 마신다

참견도 없고
눈치도 볼 필요 없는
오롯이 나만을 위한
커피 한 잔의 여유
나만의 아침이다

구름

변신의 자유
포근함을 느끼게 하는
구름을 보면

희망을 꿈꾸게 하는
순박함이 숨어 있어
참 좋다

하루하루 고민하는
그늘진 얼굴도 없고

봄

겨우내
구부리고 잠자던 봄이
우연히 봄이 되었을까

온기가 있다지만
땅속에서 벗어나려
몸부림치며 아팠을 봄

힘들게 밀어내고
우리들한테 와주는 봄이
희망이고 향기로워 참 좋다

그런 봄을 보면
왠지 숙연해진다

鴻顔 서수정

tnskadi45@naver.com

작품

- 여름 한낮에
- 여름 이야기
- 백일홍
- 연잎 꿩의 다리
- 세단풍(細丹楓)
- 엄마와 아기의 연(緣)
- 명자 아가씨

프로필

- 『대한문학세계』 시 부문 등단(2014년)
- 월간 『문학세계』 시 부문 등단(2015년)
- 2015년 전국 순우리말 글짓기 우수상 수상
- 2015년 영광일보 꽃무릇축제 백일장 입상
- 2016년 올해의 시인상 수상
- 2017년 한국예인 인학문학상 수상
- 한국문인협회 회원
- 부산여류시인협회 회원
- 석교시조시인협회 회원
- 부산문인협회 봉사차장
- 한국예인문학협회 남부지회장
- 부산문학인아카데미협회 사무국장
- 저서 : 『하송정 2길에』
- 공저 : 『베이비박스에 희망을 싣고』(제1~5집) 외 다수

여름 한낮에 외 6편

무심히 내다본 하늘
회색 도포 자락 펄럭이는
밀잠자리 한 마리

바쁜 날갯짓에
안절부절못하며
창밖을 뱅뱅 맴도는 것이

꼭
떠난 임을 잊기 위한
몸부림질 같구나

여름 이야기

공원의 빽빽한 나뭇잎 사이로
햇살이 비집고 들어와
작은 나무 잎새에 내려앉았다

반짝반짝 빛나는 잎새
커다란 잎사귀를 쫑긋 세우고
햇살의 이야기에 신났다

어떤 재미난 이야기에
잎새는 저토록 간드러지는지
궁금해 죽겠는데 엄한 매미만 울어댄다

백일홍

— 처서 날에

세상을 향한 절규
못다 이룬 사랑에
높아만 가는 하늘이
아쉽기만 한 그대

어제는 햇살에 구애한 듯
꽃분홍 미소를 띠더니
오늘은 소리 없는 가을비에
맥없이 마당 가에 나동그라진다

가을비 따라 가는 길에
백일 동안 키워 온 사랑
꽃잎에 곱게 새겨
훗날을 기약하는 백일홍

연잎 꿩의 다리

심산의 숲속이나
바위틈에
꼭꼭 숨은 채
작은 연잎 모양 이파리
뭉툭한 톱니 방패로 삼아
가늘고 긴 다리 끝마다
하얀 꽃자루 하나씩 매단다

하나가 셋 되고
셋이 아홉 된다는
삼지구엽초를 닮아서
가끔 착각에 빠지게도 만들지만
어쩌다 만나면 그 순간이 행복이고
헤어짐의 아쉬움은 오래 간다

꽃말 순간의 행복, 천진난만함

세단풍(細丹楓)

늦가을 지나 첫 겨울로
수많은 지리산 봉우리 중
아름다운 길 오도재
양옆에 늘어선 단풍나무

늦가을 세찬 바람에
낙엽 떨구고 동(冬) 채비에 바쁜데
간혹 유산태평한* 단풍나무
구시월의 세단풍(細丹楓) 마냥 웃고 있네

* 유산태평(遊山太平)한 : 아무 근심 걱정 없이 한가하고 편안함.

엄마와 아기의 연(緣)

엄마라고 불리기엔
너무도 어린,
아직 엄마 그늘에서
어리광을 부릴 어린 나이

세상은 뜻대로 가지 않고
단 한 번의 불장난에
소녀의 자궁에는
새 생명이 생겨났다

세상의 손가락질이 무서워
천으로 꽁꽁 싸맨 배
표시 날까 노심초사하다
아무도 없는 공중화장실에서
아기를 낳았다

뒤처리도 제대로 못 한 몸으로
어두운 새벽길을 걸어
가파른 언덕에 있는
베이비박스 앞에 섰을 것이다

한참을 서성이다
누가 볼까 눈치를 살피며

베이비박스 철문을 열고
아기를 넣어두고 도망치듯
뛰어갔을 엄마

철없는 불장난에 생긴 아기
책임질 수 없기에
엄마는 가슴으로 울고 눈으로 울고
아기는 엄마 품이 그리워 운다

엄마와 아기의 보이지 않는 연(緣)
세상이 따뜻하게 보듬어 주고
품어 준다면 더 이상
베이비박스가 더 이상 필요 없지 않을지

명자 아가씨

시골집 울타리에 꽃망울 올망졸망
꽃샘바람에 빨갛게 핀 얼굴
청순한 모습의 명자 아가씨

산동마을 골마다
산수유 노란 꽃물결에
정신을 빼앗긴 사람들

명자 아가씨
수줍어 나서지도 못하고
사람 구경하다 하루해가 저무네

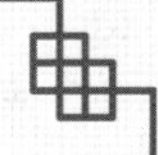

선 지 현

tjswlgus75@hanmail.net

작 품

- 따스함이 전해지는 당신
- 참 좋다
- 그대를 그리워하다
- 행복 주머니
- 가을 소야곡
- 세상을 밝히는 가로등
- 커피 향기

프로필

- 세종시 조치원 출생
- 계간 『시세계』 시 부문 등단(2016년)
- 수안보온천 시조문학상 신인상 수상(2017년)
- 문학세계문인회 정회원
- 한국베이비박스문인협회 정회원
- 한국시조문학진흥회 정회원
- 공저 : 『독도 플래시몹』
  『베이비박스에 희망을 싣고』(제3~5집)
  『문학 어울림』
  『꽃잎에 시를 쓰다』
  『초록물결』(제3집)

따스함이 전해지는 당신 외 6편

언제나 맑고 고요한 마음을 가진 사람의 눈은 맑고 아름답다고 합니다. 깊은 생각과 자신에게 주어진 일에 게을리 하지 않으니, 밝고 지혜로운 빛이 느껴지며 녹슬지 않은 반짝임으로 항상 늘 새로움을 주니까요. 남을 위해 도움의 손길을 건네주고 옳은 일이라면, 묵묵히 해내고야 마는 그런 당신에게서 큰 힘이 전해져 옵니다. 남을 헤아려 주고 보살펴 주는 따뜻함이 있는 당신이기에 만나면, 만날수록 당신만의 매력에 흠뻑 젖어 당신의 사랑으로 한세상 아름답게 가꾸어가며 함께 가고 동행하고 싶어요. 오늘도 당신의 발길 가는 곳마다 꽃길 되어 은혜로움이 꽃으로 활짝 피어났으면 좋겠습니다. 싱그러운 목소리로 소리 내 웃어보는 날 오늘도 작은 행복에 미소 지으며 당신이 걷고 있는 이 길이 꽃길이기를 바랍니다.

가을 소야곡

가을비가 내린다. 이 비가 지나고 나면 겨울바람이 분다. 쓸쓸함이 가슴을 스쳐 가고 서글픔이 마음을 울려온다. 사람이 살면서 작은 아픔과 산다는 것에 참 많은 생각을 동반한다.

사랑도 육신의 아픔도 지난 며칠 동안 아닌 거의 한 달 동안 위의 쓰라림으로 많은 생각과 피폐해지어 가는 모습에 울부짖는 내 모습 속에서 간절함을 보았다. 무엇인가 애틋하게 원하는 마음에 한숨이 서린다. 언제나 변함없는 마음이지만 나에게 작은 믿음이라도 없었다면 지금, 이 순간도 견디지 못했을 것이다. 그래도 내일은 희망이 있기에 오늘을 살아가나 보다. 소리 없이 내리는 가을비에 흠뻑 젖어 들고 싶은 마음이다.

참 좋다

환하게 웃어 주는 햇살의 고마움으로 아침 창을
열면 흐릿하게 미소 짓는 바람이 있어서 참 좋다.
흩어진 머리카락 쓸어 올리며 뒤뚱거리며 걷는
오리처럼 비틀거리는 하루지만 걸을 수 있다는
고마운 두 다리가 있어서 참 좋다. 땀방울 방울방울
이마에 맺혀도 열심히 살아가는 얼굴에 미소가
넘쳐서 참 좋다. 힘들고 고달픈 삶이라지만 내 곁을
지켜주는 좋은 사람들이 있어서 더욱 좋다.
시간이 멈춘다 해도 오늘이라는 성적표에 부지런히
살았다는 표시로 밤하늘 달님이 친구가 되어주니 참 좋다.
아무 이유 없이 그냥 지금이 참 좋다.

세상을 밝히는 가로등

어렴풋 묻어 있는 바람 털며
개찰구를 나가는 뒷모습들
대합실 난로가 의자엔
웅크린 어깨도 있고
영화처럼 우리가
서로의 풍경으로 흐를 때

화면 밖 세상엔
흩어질 우리 기다리는
겨울 저녁이
서둘러 세상을
밝히고 있습니다

신 벗고 달려갈 곳 향하는 날
어둠 속 숨겨진 길 펼치듯
오히려 마음 편히
그대를 맞습니다

그대를 그리워하다

어디론가 떠나야 합니까
쓸쓸한 빛깔 가지고
가만히 눈 감으면
어디쯤 낙엽 내음 밀려와
잠든 내 안의 나 흔들어
한 줄기 바람처럼
그대에게 달려갑니다

저 하늘 끝자락
둘이서 가고픈 외딴섬 하나
가만히 어깨 기대어 앉으면
황금빛 노을 드리워져
두 영혼의 그림자
길게 기우는 곳으로
사브작 사브작
그대와 속삭입니다

어느 곳 어느 순간
기쁘게 함께하고픈
그런 사람입니다
나란히 길 걸으며
가끔씩 가쁜 숨소리 들려와

굳은 내 가슴 고동 뛰게 만든
세상에 둘만으로도
가슴 벅찬 그대입니다

어느 때인가 잊고 싶은
쓸쓸한 초록빛 추억
떨리는 애처로움 감추려고
줄지 않는 커피잔 기울이다
참을 수 없는 어색한 침묵
차마 먼저 잘 가라고
말해 버린 이별의 순간입니다

모든 걸 처음 돌이키기에
여전히 부족한 나
몇 번의 망설임 끝 긴 전화에도
그저 어색한 일상의 안부뿐
더 이상 하고픈
말 한마디 다 못한 채
힘없이 끊고 돌아서는
나의 쓴 한숨 들립니까

먼 훗날 다시 만난다면
애써 말하지 않아도 되게

아픔 쌓인 지난 시간만큼
언제일지 모를 삶의 마지막까지
더 가슴 저미도록
기쁘게 사랑하렵니다

오랜 침묵에도
어색하지 않은 그대 눈빛
그리운 새벽입니다

커피 향기

가을비 촉촉함 속에
커피 향기 짙게 피어오르고

그리움이 잔잔히
보고픈 얼굴들을
그리게 하는 날일 것 같습니다

궂은날이지만
향기로운 날이었음 좋겠습니다

행복 주머니

내 마음에
행복이란 작은 주머니가
들어 있어요

그 속엔 웃음도 들어 있고
즐거움도 가득 들어 있죠!

조심조심
나의 행복을 주워 담아서
임들께 나누어 주고 싶어요

너무 행복한 나머지
욕심이 넘쳐 나의 행복
주머니가 터질까 봐

내 웃음을 내 이웃에게
나누어 주고 싶어요

以瑟 손 장 순

sjs25087@naver.com

작 품

- 베이비박스의 하루
- 봄
- 죽령 그 노을
- 녹아드는 나이
- 여행길
- 가을 산행
- 고향

프로필

- 전북 무주 출생
- 계간 『시세계』 시 부문 등단(2016년)
- 문학세계 문화예술공로상 수상
- 문학세계문인회 정회원
- 한국베이비박스문인협회 회원
- 시와달빛동인회 회원
- 그루터기에 앉아 쉬는 바람 동인
- 살 사랑 나누기 동인리더
- 공저 : 『베이비박스에 희망을 싣고』(제2~5집)
  『말[言]들이 수행하는 절간[寺]』
  『한국을 빛낸 문인』(2016년)
  『하늘비 산방』(제7호)
  『푸르름 한 올 그리다』(제2집)

베이비박스의 하루 외 6편

아이는
작은 손 주먹 꼭 쥔 채
잠에서 깨어난다
버려진 현실을 모르기에
배고픔에 보채며 목놓아 울다
플라스틱 우유병으로
엄마의 젖가슴을 대신한다

배가 부르면 해맑은 웃음으로
다시 잠이 들고
누군가의 사랑이 그리워도
그렇다 할 줄 모르는
우리의 아기들이 오늘도
배부르면 웃고 배고프면 울고
또 하루가 간다

없는 줄도 모르는 엄마 대신
누군가 가슴을 꼬옥 껴안아
세상의 위로 들어 올려
빛나리라고, 네 세상이라고
하늘 아래, 하나 부족함 없는
그런 별빛이라고
그런 웃음이라고

여행길

맑은 햇살 고운 빛
춤추는 여행길
침묵으로 답하던
하늘색 꿈들이
바람에 내려앉는 길

분주한 모든 시름
잠시 내려놓고
꽃무릇 길 따라
그리움 한바탕 그려보는

어느새 행복으로
내 눈 속에 가득 남아
희망으로 이어주는
꿈의 신호등 같은 길

봄

대지에
켜켜이 갇힌 꿈들이
맑은 햇살 춤사위에
연둣빛으로 피어난다

회색빛 침묵 위에
한 줄기 바람 살랑이면
어둠에 묻힌
별꽃 고개 내밀어
고요에 작별을 고한다

소란스럽다
아우성이다
요란하게 벌려지는
대지의 진통에도
흔들림 없는 밤
분홍빛 꽃노래
밤하늘을 가로지른다

시리고 어두운 밤을 지새운
희망 하나가

가슴으로 들어와
꽃이 된다

봄이다

가을 산행

가을 산에 가면 못 사는 딸네 집에 간 것보다 낫다는 말이 있다
머루 다래 으름 오미자
눈만 크게 뜨면 푸짐한 가을 밥상이 풍성하게 차려져 있기 때문이다

무주 고향 집에 온 김에 용기를 내서
덕유산 큰 산 산행길에 올랐다
바람이 제법 싸늘하고 아침 이슬이 유난히 차가웠다
처음에는 숨이 가쁘고 다리가 아파 힘이 들었지만 산이 높아질수록
공기는 싱그럽고 발아래 펼쳐진 풍경은 너무나 아름다웠다
가다가 쉬고 쉬다가 가고
그럭저럭 머리에 생각해 두었던 목적지에 도착하여
숲을 헤치고 다니다 보니 다래가 지천이다
잘 익은 다래 한 줌 따서 목을 축이고
준비해 간 그릇에 가득 채운다
내려오는 길에 자연산 오미자를 만나
뜻밖에 횡재를 했다
가을 산은 풍성하다
그래서 가을 산행은 행복하다

죽령 그 노을

아침에 소백에서 낮에는 도솔에서
죽령천 길라잡이 놓칠라 애태우며
월악산 찾아가던 해 하룻길이 짧더니

노을은 노을답게 석양에 익어가고
갈 길 먼 나그네는 먼 산만 보고 있네
눈부셔 차마 못 보고 가던 발길 도닐 때

곱다고 해도 되나 저토록 처연한 빛
하늘이 타는 걸까 타면서 우는 걸까
그래도 남은 것들은 여백으로 두어라

고향

철길 따라 오백 리
굽이돌아 이백 리
산 넘고 물 건너
구름 쉬는 곳

전라도라 무주 땅
심신 계곡에
메아리쳐 서러운
산골이라오

철길 따라 오백 리
굽이돌아 이백 리
산 넘고 물 건너
구름 가는 곳
내 마음도
함께 따라간다오

녹아드는 나이

향기로운 봄날
설렘은 꿈이었나
푸른 향기에 베인
청춘이
하나둘
햇살에 젖고
바람에 흔들리고
비에 힘없이 스러지는
가을날의 상념이었나

현실이라는 무게 앞에
꿈은 먼 이상이 되고
푸르름도 황혼에 젖어
붉게 물든
생의 가을

화려한 무지개 같은
꿈이었나
겨울빛 머릿결에
국화 향 그윽하던 날
세월은
생의 계절 속으로
회색빛 주검 속으로
서서히 녹아들고 있다

신현각

hks1072@daum.net

작품

- 숨어 우는 새
- 줄포만
- 하섬
- 변산해수욕장
- 심(心)
- 적벽강
- 솔섬
- 채석강

프로필

- 전북 부안 출생
- 계간 『시세계』 시 부문 등단(2015년)
- 『대한문학세계』 시조 부문 등단(2015년)
- 『한국시조문학』 시조 부문 등단(2015년)
- 문학세계문인회 정회원
- 한국베이비박스문인협회 회원
- 그루터기 앉아 쉬는 바람 동인
- 공저 : 『베이비박스에 희망을 싣고』(제1~5집)

숨어 우는 새 외 7편

품에서 우는 아이
달랠 길 없어
어둠에 밀쳐 내고
숨어 우는 어미 새

소중한 아가라서
어여쁜 아가라서
둥지에서 밀어내
숨어 우는 어미 새

묻지 마세요
그 이유를
죄인이라 떳떳이
하늘 한 번 보지 못하는 것을

서산 너머 붉게 물드는
노을 속에 어렴풋이
비춰지는 아가야
보고파
서럽게 숨어 우는 어미 새

심(心)

그대 마음에 무엇을 덧칠했습니까?

그래서
그대 가슴에 부는 바람은
무슨 색깔입니까?

(본)바탕은
변하지 않는 것
그것을 어떻게 변화시키는 것은
내가 본(바탕)에 생각을 넣었기
때문입니다

변한다는 것도
예쁘게도
나쁘게도 변할 수 있는 것입니다

그러나
본(바탕)은 변하지 않습니다

그대가
변했다는 건
좋을 수도
나쁠 수도 있다는 것입니다

그러나
변화를 두려워하지는 마십시오
우리 사는 인생에 변화가 없으면
무슨 재미가 있겠습니까

오늘같이 갈바람 불어오고
하늘도 높아지고 들녘이
배부른 날
즐겁게 변하는 것도 좋지 않은가
합니다

줄포만
— 웅연조대

바닷물 밀려가고
속살을 드러내니

휑하니 트인 갯벌
바람만 불어오니

나그네 오수에 취해
몸을 뉘어 잠든다

줄포만 서해 낙조
바다를 물들이고

잠 깨인 나그네는
꿈인 양 눈 비비고

바라본 선홍빛 노을
서럽도록 예쁘구나

어스름 노을 지고
달님이 떠오르니

잔잔한 물결 위에
달님을 품는구나

줄포만 바닷물결에
월하의 꿈 낚는다

적벽강

거치른 풍랑에
어부들의 아우성
파편 되어 흩어져
바닷속으로 사라져

붉은 단애에 서서
지어미 울음 토하니
이 슬픔
누가 달래주나

만선의 꿈
바닷속으로 사라지니
적벽강에 소동파도
어쩌지 못하니

수성당 무녀들
개양할미 당신제
하늘하늘 나풀대며
버선발로 작두를 타네

하섬

밀려가는 바닷소리
모래톱 드러내며

모세의 기적처럼
바닷길 열리고

해무는 덮쳐오니
해루질 바빠지고

추억이 담기는 바다
바구니에 채운다

파도가 밀려와
해무를 밀어내니

달그림자 물에 뜨고
무지갯빛 윤슬로

반짝이는 은빛 물결에
포근해진 추억들

솔섬

밀려오는 파도가
몽돌을 감싸면서
아름다운 화음으로
서해의 용을 부른다

노을 빛내리가
물결에 부딪치면
붉은 물결 윤슬로
파도에 밀려오고

솔섬 위로 내려앉는
불타는 태양은
서해의 용 입속으로
여의주가 되어 담긴다

변산해수욕장

바닷바람 불어와
송향 맡으며 걷는 백사장
한여름의 눈 밟는 소리
모래 발자국 속에 추억 남기며
푸른 물에 몸 담근다

백사청송 변산해수욕장에서
추억을 만들어 가니
석양은 고슴도치 머리 위로
붉은 주단을 펼치며
수평선 너머로 숨는다

채석강

수만 년
켜켜이 쌓은 책
언제
다 읽을까?

달빛에 취해
책을 던지니
책은 누가 읽을까?

이태백 없는
채석강
누가 노래할까?

우 현 식

woos452012@naver.com

작 품

- 코스모스
- 마음속 등대
- 잔 속의 그대
- 아이야!
- 낙엽길에서

프로필

- 계간 『시세계』 시 부문(2015년), 시조 부문(2016년) 등단
- 계간 『시조문학』 시조 부문 등단(2016년)
- 한국베이비박스문인협회 회원
- 한양문학문인협회 회원
- 공감예술문학협회 회원
- 펜터테인먼트 소속
- 공저 : 『베이비박스에 희망을 싣고』
  월간 『시집 그리고 에세이』 외 동인지 다수

코스모스 외 4편

가을 햇살에 별이 피었다

은은한 향기 소박한 모습

스쳐 지나는 작은 눈길에

발길 멈추게 아담히 폈다

너를 닮아서 아름답게도

가을바람에 별이 피었다

하늘거려도 꺾이지 않고

작은 가슴에 별마저 품은

마음 머물러 눈멀게 하는

별이 피었다 네가 피었다

마음속 등대

수줍게 먼저 내민 그대의 고운 손길
이정표 잃고 헤맨 길 위에 등불이고
깜깜한 어둠의 바다에 한 줄기 별빛이라

그대의 마음으로 이끄는 눈빛 속에
매몰찬 거센 파도 당당히 맞서가며
그대의 평온함 속으로 지친 나를 묻으리

잔 속의 그대

찻잔에 커피 한 스푼
넣었을 뿐인데
그대 향기가 나네요
아름다운 그대 향기가

찻잔 속 커피를
휘휘 저을 때마다
그대 모습이 보이네요
미소 짓는 그대 얼굴이

아름다운 향기 맡으며 한 모금
활짝 웃는 얼굴 보며 또 한 모금

한 모금 한 모금 마신
그댈 닮은 커피

지금 한 모금 남겨 놓고
망설입니다

마지막 한 모금 마시고 나면
그대 향이 날아갈까 봐

그대 모습 사라질까 봐
식어가는 커피잔만 바라보네요

마지막 한 모금이
진정 그대인가 봐요

눈을 감아도 향긋한 그대
바라만 봐도 달콤한 그대

오늘도 그렇게
잔 속의 그대가
내 안에 스며듭니다

달콤한 향기가 되어

아이야!

해맑은 눈망울로
어둠을 밝혀 주고

따스한 웃음으로
아픔을 잊게 하니

아이야! 너는 나에게
아름다운 별이다

세상이 어두워도
별빛은 반짝이고

시련의 아픔 속에
희망을 노래하니

아이야! 너는 내게로 와
사랑으로 피었다

잊어라 아픔일랑
훌훌 털고 웃어라

시작은 힘들어도
용기 내어 걸어서

세상을 너의 향기로
채워 보렴 아이야!

낙엽길에서

낙인이 찍힌 듯이 붉어진 들녘에서

엽서에 한 줄 사연 그대에게 보낸다

길 위에 뒹굴고 있는 세월의 추억 담아

낙관 찍혀 매달린 저 붉은 나뭇잎들

엽기적인 어울림에 두 눈은 멀어가고

길가엔 먼저 떨어진 낙엽들의 아우성만

이금주

msssy8376@hanmail.net

작 품

- 베이비박스
- 간극의 차이
- 다 하지 못한 노래
- 몰랐다
- 중독
- 점, 그리고
- 그래서

프로필

- 서울 출생
- 월간 『문학세계』 등단(2015년)
- 한국베이비박스문인협회 정회원

베이비박스　외 6편

어느 별에서 어긋난 약속일까
어제의 분홍빛 사랑 퇴색되어
우주에 온기 찾아온
작은 벨 소리에 의지한 숨소리를
기꺼운 마음으로 듣고 안는다

어느 별에서 왔느냐 묻지 않을게
작은 상자 안 출렁이는 두려움조차 감당하기
힘들 터이니

시작하기도 전에 끝자락에서 시작하는 천사야
누구보다 일찍 길 위에 선 천사야

우리 함께 가보자
어디로 가야 할지
무엇이 기다리고 있을지 모르고
내일이 또 속일지도 몰라
하지만,
36.5°는 무엇도 할 수 있는 온도
분명한 것은 생명,
그대로 귀한 사랑이라는 것

중독

언제부터일까
이슬에 옷 젖듯 젖어 들고 있었다

바람이 불면 바람결에
햇살이 비추면 그 빛에
점점 그렇게

특별해 특별하지 않은 날
나는 네가 되어 있었다

간극의 차이

선명한 대비를 이루는 창과 밖

언제나 밖으로 향한 시선은
지치고 허기진 애증에 목이 말랐다
생각의 고삐는 멈춤을 모르고
끝 모르는 감정
기어이 함몰시키고서야 멈추었다

그렇게 또 지고 말았다

왜, 라는 질문은 대롱 끝에 달려 있고
발목을 누구에게 내준 적 없건만 게으른
핑계 합리화시키기 급급해
인정하지 못했던 나를 포근히 안고
천 리처럼 느꼈던 문을 연다

나, 여기에

고요는 저항할 그 무엇도 없다
자유로운 평화만이

침묵이 이렇게 뜨거웠나

점, 그리고

파도를 조롱하듯
바닷새 웃음 한 자락 흘리고
부서진 햇살 알갱이 주워
등불 없는 집
식탁 위에 쏟아 놓는다

한 입 베어 먹은
수평선 끝자락에 오래된 어둠 찌릿하게
주름진 배 조여오고
허기진 마음, 빛의 소리 더듬는다

모래시계 엎어 놓은 저녁
아무것도 내어 줄 것이 없어
뜨거운 외침에 지새우는 밤
어두운 줄 몰랐다
내내 뒤에서 밝혀 주는 그대 있었기에

길게 늘어진 선 위에 잠들었던
새벽을 여는 빛,
점

다 하지 못한 노래

기억을 잃어버린 어디쯤
거기에 있는 당신

초점 잃은 시선 허공에 머물러
임 마중 그리워하며
오물거리는 입술 사이로 실금처럼 나오는
애간장 녹는 냄새

홀로 싸우는 외로움의 두께만큼
속 알맹이 비워내고
부서져 내린 사리에 낀 녹슨 시간

바칠 것 없어 서두른 이모작
서녘 붉게 물드는 들판에 사모곡 뿌리고
종종대는 마음이 부른 미련한 욕심 선걸음
다시 잡아 앉히고
섣부른 눈물 흘릴까

내 안에 아직 다 주지 못한
사랑 남아 있는데
당신과 하나 되지 못한
난 여기 있는데….

그래서

밥을 먹었다, 달렸다
이제 쥐고 있는 것들을 놓아야 한다

시간 속에 가둘 수 없는 흉터
따뜻한 미소로 안녕

때맞춰 내리는 비 얼굴 적시니
다른 풍경 만들 필요 없어

때론 눈을 감고 가야 하는 길
때론 눈 감아야 볼 수 있는 길 위에
숨, 내려놓는다

몰랐다

오래된 이야기 속에 말뚝을 세우는 것은 슬픈 일
스스로 죽음을 선택할 이유 찾지 마
이미 죽은 사념들뿐이야

마주한 진실은 청춘 영화 속의
한 장면
아픔은 아픈 대로 기쁨은 기쁜 대로
그대로
축복을 공간으로 초대한

흐름은 모습이 아닌 하나의 울림이 가슴을
데우고서야
찾아온 자유, 그 끝에 만난

지금에,
사랑이란 숨겨진 뿌리가 있다는 것을
몰랐다

이미선

lyhlms@hanmail.net

작품

- 내가 사랑하는 당신은
- 바람 부는 거리
- 낚싯바늘
- 화병(火病)
- 담쟁이 가족
- 비 오는 날의 아리랑
- 보이지 않는 눈물

프로필

- 충남 논산 출생
- 유아교육과 졸업
- 계간 『시세계』 시조 부문(2015년), 동시 부문(2015년) 등단
- 월간 『문학세계』 수필 부문 등단(2015년)
- 한국베이비박스문인협회 『베이비박스에 희망을 싣고』 창작문학대상 수상(제2집)
- 한국베이비박스문인협회 『베이비박스에 희망을 싣고』 창작문학대상 수상(제3집)
- (사)시진회 수안보온천 시조문학상 신인상 수상
- (사)시진회 수안보온천 시조문예축전 시조문학상(특별금상) 수상
- (사)시진회 수안보온천 시조문학상(작가상) 수상
- (사)한국시조문학 역동시조문학상(특별금상) 수상
- (사)독도문학상(본상) 수상
- 한국시조문학 작가상 수상
- 문학세계문인회 정회원
- (사)한국시조문학진흥회 정회원
- 한국베이비박스문인협회 회원
- (사)한국베이비박스문인협회 사무총장
- 어린이집 원장 20년 차
- 공저 : 『베이비박스에 희망을 싣고』(제1~5집)
  『한국을 빛낸 문인』(2015년)

내가 사랑하는 당신은 외 6편

한낱 목마름을 채워 주는 소나기보다
새벽 아무도 모르게 내리는 이슬로
내 옆에 있어 주면 좋겠어

영화를 보다가
내가 무서워하거나 슬퍼할 때면
당신 날 모른 체하지 않고 따뜻한
두 손으로 날 감싸 안아 주면 좋겠어

속상할 때나 슬플 때
서로 의견이나 대화가 안 맞을 때
너무 긴 시간 날 외롭게 하거나 기다리게
하지 말고 언제 그랬냐는 듯 너스레 떨며
사랑한다 얘기해 주면 좋겠어

아무 조건도 따지지 않고
오롯이 나이기에 사랑해 주는 사람
바람 불면 날아갈세라
날 소중히 여겨 주면 좋겠어

나란히 걸어가다 손만 잡아도
당신 사랑 손끝으로 전해져오고

밀어도 꿈쩍 않을 바위가
내 뒤에 서 있음을 주위 사람들이
알 수 있게 사랑을 표현해 주면 좋겠어

소나기 한차례 쏟아진 후 아름답게
유혹하는 무지개는 이내 사라지지만
당신은 새벽이슬처럼 사라진 듯 사라지지 않는
변하지 않는 사랑으로 다가오면 좋겠어

바람 부는 거리

바람 부는 거리에
살며시 나가 보았다
살랑살랑 부는 바람에도
힘차게 휘몰아치는 바람에도
어김없이 거리의 모든 나뭇가지는
약속이라도 한 듯 같은 방향으로 춤을 춘다

바람에 흔들리지 않는
나뭇가지가 어디 있으랴
바람 불면 부는 대로
눈보라 휘몰아치면
휘몰아치는 대로
이겨내며 춤을 추며 사는 것이
우리네 인생과 다를 바가 뭐가 있으랴….

낚싯바늘

넓고 넓은 저 바다에서
낚싯바늘에 속는 물고기
어쩌면 죽음의 문턱인 줄 알면서
유혹을 견디지 못했을 어리석은 물고기
오늘따라 내 모습을 보는 것 같아
참 처량하고 서글퍼지네

대롱대롱 매달려 살려달라 애원해도
들어주는 이 하나 없고 오히려
거센 몸부림에 환호성 들려오는 이 현실….
비로소 죽음을 맞이하고서야
누릴 수 있는 진정한 자유….

아~~
오늘도
시간이란 낚싯바늘에
실수란 낚싯바늘에
어리석음이란 낚싯바늘에
하루를 살아가야 하는
나는
이 낚싯바늘 저 낚싯바늘에
꿰어 살아가는 물고기였나 보다

화병(火病)
— 노을 진 바다

오랜 세월 그 자리 그곳에서
모진 풍파 견뎌온 너의 모습
오늘따라 우리 엄마 마음속 같다

우글우글 끓어오르는 그 속 달래려니
어느새 그 얼굴 붉게 달아오르고
그 속은 새까맣게 타버렸겠지

네 속 헤아리지 못한 인간들
철썩이는 파도 소리에 위로받으려
갈매기와 함께 모여들고

해 지기 시작한 붉은 바다엔 우리 엄마
마음속같이 덩그러니 화병 걸린 바다만이
나를 멍하니 바라보고 있구나

담쟁이 가족

어쩜 저리 서로서로
한 몸 되어 잘도 챙기는 걸까?
담쟁이 저세상은 초록빛 세상
싱그러움 가득 안고 아침 인사
먼저 건네는 담쟁이 가족

담장 밑 염소 지나가던 고양이
집 지키던 강아지 멀리 서 있던
암소까지 어슬렁거리며 담쟁이 가족
초록빛 세상 구경하러 온다

밤사이 아기 담쟁이 기어오르다
힘에 부쳤는지 아빠 담쟁이 등에
업혀져 새근새근 잠들어 있고

어디까지 올라야 끝인지 모른 채
그저 한없이 올라가는 담쟁이 가족
오늘따라 벽은 한없이 높아 보이지만
서로 보듬으며 잘도 올라간다

비 오는 날의 아리랑

시나브로 가을비 추적추적
이내 맘도 삼키는 눈물로 추적추적
벙어리 냉가슴 빗소리에 모른 척 쏟아내는
비 오는 날의 아리랑

늘솔길 걸으며 해찬솔 품에 안고
너울너울 춤추던 어제의 인생길
눈떠 보니 어디로 갔느뇨
비 오는 날의 아리랑

조그만 내 가슴속
응어리 맺은 못다 한 말
가을비 속에 묻어 버리고 싶어
하늘 올려다본다
빗물인지 눈물인지
비 오는 날의 아리랑

보이지 않는 눈물

보이지 않니?
나의 눈물이….

너의 칼날 같은 말에 베어
아프고 고통스러워하는 나

생각 없이 내뱉는 너의 독은
나의 몸에 차곡히 쌓여만 가고

뒤돌아서서 가는 너의 뒷모습
보이지 않는 나의 눈물

뒤엉켜버린 실타래처럼
너와 나의 하루가
또 그렇게 흘러간다

먼 훗날 우리가 다시 만나면
엉켜진 실타래는 그동안
널 그리워하며
흘린 눈물로 예쁜 모양 하고 있겠지

이원구

lwg90@naver.com

작 품

- 부모
- 해돋이
- 매화
- 윷놀이
- 덩굴
- 겨울 강가
- 섶다리

프로필

- 전북 김제 출생
- 계간 『시세계』 시, 시조 부문 등단(2015년)
- 월간 『문학세계』 수필 부문 등단(2015년)
- 제13회 시세계문학상 시조 부문 대상 수상
- (사)한국예술문화단체총연합회 공로상 수상
- (사)세계문인협회 문화예술 공로상 수상
- (사)세계문인협회 이사, 전북문인협회 이사
- 영남시조문학회 부회장, 김제문인협회 사무국장
- 한국베이비박스문인협회 고문, 월간 『문학세계』 운영위원
- (사)한국문인협회 회원, (사)한국시조시인협회 회원
- 전라시조문학회 회원, 청풍명월 정격시조문학회 회원
- 저서 : 시집 『꺾이지 않는 대나무』
  시조집 『대숲이 품은 노래』 『다시 일어서는 봄』
- 공저 : 『베이비박스에 희망을 싣고』
  『하늘비 산방』 『한국을 빛낸 문인』 외 다수

부모 외 6편

눈밭에 나뒹구는
덩그런 통나무는

톱질과 도끼질로
잘리고 쪼개져도

얼었던
우리 가슴을
녹여 주는 화롯불

뜨겁게 타오르던
군불의 힘을 빌려

차가운 아랫목을
덥히고 달궈 주어

따뜻한
젖가슴 같은
둥지 하나 만드네

덩굴

혼자는 서지 못해
땅바닥 기어가는

줄기도 의지할 것
만나면 일어서듯

연약한
너에게 나는
버팀 나무 되리라

해돋이

수평선 너머에서
바다를 지르밟고

시뻘건 구슬 하나
박차고 솟아올라

벙그는
여명의 선물
터트리며 웃는다

겨울 강가

어제의 이야기는 허공을 밟고 가고
생각은 갈대숲 속 한쪽에 홀로 앉아
차가운 겨울바람을 맨몸으로 맞설 때

어룽진 난반사에 마음을 살라 먹어
뜨거운 한줄기 숨 게워내 사라지고
침침한 강물 위에서 춤을 추는 저녁놀

매화

백매는 별빛처럼 하얗게 웃고 있고
홍매는 달빛처럼 얼굴은 붉히는 밤
화엽이 지는 자리에 피어나는 외로움

만개한 매화꽃이 바람에 흔들리며
눈처럼 떨어지는 꽃잎을 뒤로하고
초록을 싹 틔운 후에 매달리는 그리움

섶다리

소통의 기둥 박고
교류의 가지 놓아

이 동네 저 마을을
이어준 다리처럼

엮어서
건너보리라
강물 넘어 너에게

윷놀이

둘이서 사이좋게 나란히 같이 가고
두세 발 도약 위해 한 발짝 물러서네
정상에 다다를 무렵 뒷덜미를 잡히네

앞서다 잡히면서 웃음은 절로 나고
단 한 번 실수한 말 전세가 역전되네
인생은 요지경 같은 윷판과도 같다네

德山 장봉균

jbk0307@naver.com

작품

- 갈대의 추억
- 몽돌
- 바람이 풀잎을 흔든다
- 풀치마 사랑
- 꺾인 인연(人蓮)
- 물들었던 만큼 흔적은 깊다
- 수평선

프로필

- 『문학저널』 시 부문 등단(2016년)
- (사)한국사진작가협회 화성시지부 회원
- (사)한국베이비박스문인협회 회원
- (사)한국문인협회 화성시지부 회장
- (사)좋은친구들 이사
- 화성문화원 이사
- (주)오스방음자재 대표
- 종합예술 달빛여울 대표
- 시집 : 『향기 나는 곳엔 이유가 있다』
  『멈춰진 삶 그 안에 내가 있었다』
- 공저 : 『내 마음의 풍금소리』
  『베이비박스에 희망을 싣고』

갈대의 추억 외 6편

들녘 황금물결은
무엇 하나 버릴 게 없고
우수에 젖었던 마음은
갈바람에 조금씩 치유되건만
조석 찬 바람은
가슴 깊이 파고드네요

꺾인 인연(人蓮)

하얗게 태어난 연(蓮)
연분홍 새색시 보느라
숨까지 멈춘 발길

어여쁜 꽃잎도 떨어져
연밥으로 다시 태어났건만
눈길 멈춘 발길

몽돌

수평선 너머에서 밀려온
외로움과 분노는
울퉁불퉁한 돌에 부딪혀
소주 한 잔 가슴을 넘기듯
세상을 풀어 헤친다

검게 물들었던 동그란 아이
바라보는 시선은 온통 바다다
노랗고 빨갛게 물들어
가슴 조이며 살아왔던 시간도
세상의 빛으로 물들어간다

선인장 가시처럼 살아온 세월은
밀려왔던, 밀려갔던 시간이 포말이 되고
어느새 아이는 빛나는 진주처럼
세상을 비추는 눈이 되더라

물들었던 만큼 흔적은 깊다

초점이 흐려지고
세상은 어둠에서 하얗게 물들 때
붉게 물든 단풍과 달려가는 자동차는
안개 속에 사라진다
세상 시름 다 벗고 온전히 홀로
물가에 앉아 멈춰진 시간을 붙잡고
억눌렸던 아픔을 콧물과 눈물로 쏟아내며
목이 쉬도록 토해낸다
귀찮다는 표정을 짓던 시간 앞에
희미하게 외치던 갈색빛 사랑도 잠들고
얇은 철판 지붕에 부딪히는 빗방울 소리가
엉켜 있던 추억을 한 페이지씩 나열하며
세상 밖으로 던진다
겨울과 봄을 지나 새싹은 돋고
불만을 퍼부었던 시간을 보내준다
초조하게 집중했던 날과
한 줌의 글자는 백지 속에 사라지고
창백했던 얼굴도 자리를 잡는다

바람이 풀잎을 흔든다

짙은 어둠을 흔들고 간 바람
아스팔트 위에 자국만 남기고 간다
네온사인에 비친 거리는 춥고
흘러내린 빗물만 남아 있다
실낱 같은 불빛 한 개와 마주한다
저 멀리 여인의 모습이 흐릿하게 보였다
사라지고 또 보인다
가로등 불빛은 대낮처럼 밝은데 그녀가 보이질 않는다
또각또각 하이힐 소리는 점점 더 가까워지고
점점 더 흐릿하게 형체만 보인다
향긋한 향기가 나를 조여 온다
나도 그를 조여 간다

수평선

잔잔한 바다는 가끔 파르르 떨게 하는 재주가 있다
높게 치솟는 혈압과 세차게 퍼붓는 욕설이 수평선을 떨게 한다
가끔 달콤한 사탕으로 유혹했다가 언제 그랬냐는 듯 우박이 쏟아진다
하얗다고 생각하면 어느새 진한 회색 먹구름이 되고
잔잔하다가도 세찬 물보라를 만들어 당황케 하는 재주가 있다
어둠이 짙게 깔리고 우산을 쓴 나그네가 서 있다
먼바다와 빨간 등대는 그를 지켜본다
숨을 죽이고 또 죽이고 파도까지 죽인다
한참을 서 있던 나그네는 발길을 돌린다

풀치마 사랑

툇마루 끝 싹트는 애(愛)
단풍이 물든 풀치마 나부끼고
장구를 치며 흘린 땀방울

치맛자락 애살포오시 올리고
하얀 버선코를 내민 애(愛)
살그래 밀려온 가을

淸雨 장 선 호

jsh051337@hanmail.net

작 품

- 희망을 남겨 두고
- 베이비박스
- 기쁨으로 사는 삶
- 가을에는
- 승부
- 우리의 삶
- 난국(亂國)
- 복수초

프로필

- 전남 광양 출생
- 계간 『시세계』 시 부문 등단(2015년)
- 월간 『문학세계』 시조 부문 등단(2015년)
- 『한국시조문학』 시조 부문 등단(2017년)
- 제4회 수안보 시조문예축전 신인상 수상
- 제16회 시세계문학상 본상 수상
- 한국예술총연합회양산지회 지회장상 수상
- (사)한국문인협회 정회원
- 문학세계문인회 정회원
- 부산 사상문화예술인협회 회원
- (사)한국시조시인협회 회원
- 글동네 동인
- 석교시조 동인
- 다솔문학 동인
- 한국베이비박스문인협회 대표
- 천성문인협회 감사
- (사)한국시조문학진흥회 이사
- 공저 : 『베이비박스에 희망을 싣고』(제1~6집) 『초록물결』(제1~4집) 『하늘비 산방』 『한국을 빛낸 문인』(2015~2016년) 『석교 단시조 문학집』 『초록엽서』 『마음으로 그리는 풍경화』 『사상예술』 외 다수

희망을 남겨 두고 외 7편

촉촉한 눈물의 편지
비탈길 난곡을 기어오르는 울음
엎드린 몸 추스르지 못한 마음
영문을 모르는 아기가 뒤척인다
별빛만큼 아득한 우주 속으로
요람은 일렁이는 파도 위를 떠돌며
위태롭게 나대는 일엽편주마냥
말로 표현 못 할 아찔한 순간이다
가로등 불빛에 젖은 상자
매일 잉태와 출산을 하는 담벼락
뭉개진 가슴으로 이별하는 밤이 슬프다

서로가 숨죽이는 순간
문이 닫히고 내빼는 천륜지정
사람아 들리는가
촉각을 곤두세우는 아기의 비애(悲愛)
어둠이 혈육의 흔적을 지우고
흐느낌이 서로의 정을 까맣게 색칠한다
아가야 너는 꼭 살아야 한다
희망을 남겨 두고 사라지는 밤이 싫다
눈물만큼 쏟아지는 별빛
오늘도 이별의 현장엔 달빛만이 증인이다
아… 사람이 미워지는 날

베이비박스

만나고
헤어짐이
우리의 삶일진대
또다시
시작되는
새로운 삶을 찾아
어두운 밤
푸르른 꿈을
상자 속에 남기고

살 떨림
가파른 길
울리는 벨 소리에
구겨진
편지 한 통
엇갈린 꿈을 꾼다
희망의
환호성인가
울음소리 가득타

기쁨으로 사는 삶

하루의 고단함이 온몸을 싸고돌면
지는 해 뉘엿뉘엿 어둠에 허야 둥둥
꿈 좇던 나의 하루가 구름인 양 노닌다

지친 몸 마디마디 하루를 아등바등
인생의 쓰디쓴 맛 온몸에 느낄 때면
껴안은 질고의 삶이 천 일인 양 흐르네

지나온 수많은 날 움켜쥔 욕심인 양
내 삶의 자리 잡은 수많은 욕망인가
내 몸의 구석구석을 배회하는 아픔들

인생이 무엇이랴 고통이 무엇이랴
감싸고 보듬어도 흐르는 땀방울에
굳은 몸 뒤척일 때면 요동치는 새벽녘

쉼 없이 흘러가는 떠도는 구름인 양
태고의 희망들이 모가지 쳐드는데
어이해 나의 온몸은 활이 되어 뒹굴꼬

모든 걸 포용하고 내딛는 질고의 삶
보듬고 사랑하면 꿈의 날 아니런가
시절이 지나고 나면 기쁨의 날 오리라

가을에는

가을에는 약속을 잡지 않아도
충만해지는 만남
마음의 굵기를 따라
영혼이 걷고 싶은 길을 순례합니다

지키지 못했던 약속
지친 사연 안고 거닐었던
상환하지 못한 감회의 기억들
마음의 빚인 양
가지에 매달린 열매
하루의 풍족함에 자만하지 않고
미풍의 세미한 속삭임에도
반응하는 갈대가 되어 봅니다

시절이 스며든 산천초목 사이로
노을에 물든 황금들녘
만삭의 논두렁을 거닐며
수고한 농부의 가을을 찬미하되
또다시 허한 마음으로
휑한 벌판을 걷지 않겠노라고
야위어 가는 꿈을 다시 심어 봅니다

이 가을엔
하늘 한 뼘 땅 한 뼘을 빌려
작은 꿈을 키워 가는 소작인으로
세상을 관조할 수 있는
평온의 경지에 이르도록
소박한 달밤의 바람이
모두를 보듬고 초연(超然)하게
웃음 가득한 날을 만들 수 있을까
가식 없는 허수아비의
해맑은 하늘을 살포시 안아 봅니다

승부

타고난
근성인가
혹독한 길이어라
전율이
흐르듯이
온몸에 혈이 돌고
찰나의 순간이어라 인생 역전 드라마

빙판을
미끄러져
쏟아지는 함성들
인생은
고진감래
꼼수도 한때인 걸
오랜 날 흘린 땀방울 냉가슴을 데우리

우리의 삶

매달린
사연 하나
길가에 툭 던지니
아이의
웃음소리
재미난 하루일세
나누고
베푼다는 게
세상 이치(理致) 아니랴

움켜쥔
모든 꿈도
내 것이 아닐진대
벼랑 끝
걸터앉아
한 시절 기고만장
바닥에
곤두박이쳐
하늘 뜻을 묻는가

난국(亂國)

절정의
가을인가
몰려든 인의 물결
나부낀 민심이라 시절이 사납구나
천만의 흐느낌 속에
너만 홀로 웃는가

너와 나
서로에게
겨누는 눈초리에
정의는 무엇인가 불의가 무엇이랴
춤추던 태평세월은
한숨마저 겹구나

만연한
안일함에
늘어진 노을인 양
쓰러진 벼 이삭이 싹트는 가을 녘에
닥쳐올 엄동설한을
어이 날꼬 하여라

복수초

동여맨
추억들이
황량한 벌판 위에
행여나
잠들세라
온기가 스칠 때면
빼꼼히
고개를 내민
아리따운 님이여

메마른
감성 위를
하얗게 뒤덮으면
잠자던
시린 가슴
깨우기 위함인가
삭풍도
너의 몸짓에
가쁜 숨을 내쉰다

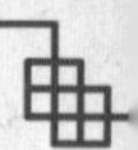

시여 정 이 란

ds5kks@naver.com

작 품

- 행복이 행복에게 말합니다
- 생과 사의 경계에서
- 동백꽃 1
- 동백꽃 2
- 아버지
- 험한 세상 다리가 되어
- 사랑하는 당신을 위해

프로필

- 한국베이비박스문인협회 정회원
- (사)한국문학작가회 정회원
- 문학세계문인회 정회원
- 신세계문학 정회원
- 한국문인협회 시분과 회원
- 국제펜클럽 한국본부 회원
- 현대시선작가협회 수석이사
- 풋앤 힐링 족심도 대표
- 전자책 『파란 풍경 마을』 수록
- 〈팟캐스트 여자라테〉 마마킹의 사람책 도서관 32회 방송출연
- 홍천내면중학교 족심도 강의
- 개인 출판회 사회자
- 시집 : 『쪽지 하나의 사랑』

행복이 행복에게 말합니다 외 6편

이별을 견디는 비결은
내가 왔던 길로
다시 돌아가는 것이 아니라

왔던 길을 돌아보지 않고
앞으로 한 걸음을 내딛는 것이다

내가 딛는 첫걸음이
새로운 시작이니까

모든 이별은 시간이 지나면

물처럼 무디어진다

생과 사의 경계에서

언제나 앞만 보고 달린다
지구의 중력 탓인가 삶의 무게가
한없이 아래로 아래로 만유인력의 법칙
뉴턴의 사과 법칙처럼
땅 위의 역학인가
위대한 물리학자 갈릴레오가 세상을 떠나던 해에
한 사람의 위대한 물리학자이자 수학자인
아이작 뉴턴이 태어났다
결국 우주에 있는 만물은 모두 인력을 가진다
사과는 땅을 향해 떨어진다
삶도 땅을 향해 점점 빠르게 떨어진다
우리의 삶도 곧 가속도가 붙는다
우리가 보기에 청춘은 떨어지지 않을 것처럼 보이지만
지금까지 당연시 여겼던 많은 자연현상들
삶이 얼마나 질긴지 미적분 같은 생명을 끌어당긴다
내가 세상 사람들에게 어떤 모습으로 보이는지
아무도 모른다
해변에 있는 모래알처럼 삶은 끝없이 펼쳐질 것 같지만
수평의 방향처럼 태어난 출발점에서 점점 더 가까워지는
죽음의 끝점
어떤 특정한 속도로 다가서는 시간은 나의 뒷머리에 도달한다
마치 위성이 지구의 주변을 공전하듯

삶과 죽음도 영원히 공존한다
인간의 삶은 숨 막힐 듯 아름답다
늙음의 삶은 처절하다
끈질기게 부여잡고 있는 삶
삶의 이유가 두려운 것이다
생명은 결국 땅으로 떨어진다
땅으로 떨어진 내 생명
땅은 어디로 떨어지는 걸까!

동백꽃 1

산기슭 굵은 바윗돌 틈
짙은 녹색의 잎
노란 동백꽃 사이로
톡톡 튀듯 빛나는 햇살

붉은 입술 곱게 물고
들뜬 마음
천 길 낭떠러지로 떨어트려

빨개진 얼굴이 소금기에
온통 따끔거렸다

해 질 무렵
붉은 석양빛이 늘어진 숲길

살랑살랑 불어오는 바람이
스칠 때마다 올라오는 풀냄새

발톱을 드러내던 고양이처럼
어느 순간 가까이 다가와
고개를 부비고 애교 떠는 것처럼

넌 순식간에 경계를 허물고
너는 내게로 왔다

동백꽃 2

향긋한 봄바람이 살랑거릴 즘
풋풋한 사과만큼 커지는 마음

자꾸 달구어지는 심술
내 맘 나도 모르게 갈구하던

너와 나의 시간이 잠시 마주쳤던
그 햇살 같던 찰나의 순간
나는 아직도 기억해

우리가 다시 만나던 그 순간까지도

겨울에 핀 동백
넌 그 자체였다

아버지

휠체어 바퀴가 굴러간다
두 눈을 지그시 감고

바깥나들이가 싫단다
두 다리가 되어 준 휠체어가
보기 싫단다
그리하시며 두 눈을 감으셨다

햇살이 따스한지도
바람이 쌀쌀하게 불어도
TV를 보면 다 안다 하신다

바짝 말라 버린 두 다리
커다란 몸뚱이 무거워진다
조금만 섭섭해도 금방 변하는 눈동자

휠체어가 저만치에서 기다린다

험한 세상 다리가 되어

폭풍이 범람하고 뜨거운 불길이 휘몰아쳐도
굳건한 바위같이 우뚝 서서
하늘같이 존귀한 사람

범람한 폭우 같은 세상에서 지켜 주는
소나무같이 푸르른 사람

때론 자유를 찾아 가벼운 깃털처럼
때론 침묵으로 묵언을 수행하는 것처럼
세상의 모든 정의를 숙연하게 담대하게
받아들이는 하얀 백로 같은 사람

그런 당신이 존재하기에 내가 세상을
이겨내나 봅니다

이 험한 세상에 다리가 되어
나를 버티게 하는 사랑하는 사람

당신이 존재하기에 내가 존재하나 봅니다

사랑하는 당신을 위해

당신의 입가에 미소 짓고
끝없이 타오르는 당신의 열정
한 송이 연분홍 진달래처럼
그리운 섬

희망도 슬픔도 공유하고픈
언제나 그 자리를 차지할 사람
바다처럼 평온하고
숲처럼 푸르른 존귀한 당신

새벽에 일어나
당신을 위해
두 손 모아 기도하는 맘
언제나 함께 거닐고 싶습니다

허허벌판 사막화 같은 세상
당신을 위해 한 아름
노오란 국화꽃 안고
당신을 향한 미소로

샛별 푸르른 하늘
바람의 향기 가득 담아
고운 눈빛으로 소망 가득
당신과 함께 고운 꿈을 꾸고 싶습니다

사랑하는 당신을 위해….

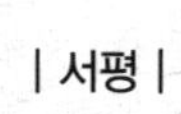

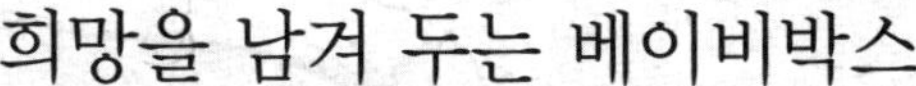
희망을 남겨 두는 베이비박스

윤제철
(시인 · 평론가)

1. 들어가는 글

베이비박스는 부모들이 양육을 포기한 영아를 임시로 보호하는 간이 보호시설이다. 2009년부터 시작하여 현재까지 많은 아이들이 들어왔다. 베이비박스를 통해 들어오는 아이들이라 해서 모두가 버려진 아이들이 아니다. 많은 부모는 다시 아이를 찾으러 오겠다고 그 아이들을 데려다 놓을 때 쪽지를 남기고 돌아갔다. 실제로도 상당수의 아이들은 부모들이 직접 찾아와 데려갔다. 여건상 맡겨놓는 경우라고 볼 수 있다.

국가가 지원하는 제도가 생길 때까지 베이비박스를 운영하는 정신을 받들어 한국베이비박스문인협회는 성원과 함께 창작 활동을 통하여 그 뜻을 널리 알려왔다. 2019년을 보내면서 활동 상황을 확인하고 의의를 다지기 위해 회원들의 작품 중에서 선정하여 독자들의 이해를 돕는 서평으로 작품세계를 조명하기로 한다.

2. 희망을 남겨 두는 베이비박스

빛도 가늠할 수 없는
깊은 어둠의 바다로
오직 이르는 것은
생명의 고동 소리

잔물결 쉼 없는 바다를
돛대도 없이 약 삼백 일
밤하늘 길잡이 북극성처럼
오로지 핏줄 따라나선 길

혼돈과 침묵의 깊은 동굴을 나와
하늘의 문을 여는 너의 몸짓
어느 별에서 왔을까

젖줄이 흐르는 나일강 위로
눈물과 소망이 바구니에 담겨져
아기 모세처럼 이른 곳
생명의 방주!

— 고은주, 「생명의 방주」 전문

생명이란 태어나서 죽을 때까지의 살아 있는 상태를 말한다. 부모가 합법적인 관계 여부를 떠나서 태어난다는 자체만 해도 엄청난 경쟁을 뚫고 이 세상에 존재를 드러내는 기적이다. 귀하디귀한 가치를 지니고 있음은 부인할 수 없는 사실이다.

신비의 공간에서 생겨 핏줄을 따라나서며 자라난 생명체가 이 세상에 나와 박수를 받아 마땅한 사건의 중심에서 자신의 의사와는 무관하게 부모와 형제들이 함께할 집으로 가는 평범함조차 누리지 못하고 목적지 없이 네모반듯한 모양으로 만든 배 안에 띄워지는 것이 이 세상의 출발인 줄 알고 살아갈 이름 없는 생명 하나 아픈 이미지로 다가선다.

고래는 바다를 떠났다고 단정했지만
밤마다 검은 이별을 할 때면
누군가 그려낸 노랑 파랑 빨강 고래는
호로의 물길 따라 틈 좁은 골목을 올랐다
어느 지하방에서 여자를 희롱할 때
불쑥
그 여자 가슴에 얼굴 내민 고래
아,
거기 있었구나
달이 동백을 키운다는 언덕 어디쯤에서
물의 땅을 가리키는 하얀 손
다시 모호해진
남쪽 어딘가에 놓고 온
모항의 길

— 김동광, 「물의 언덕」 전문

고래는 덩치가 큰 두려움을 지닌 상징적인 존재다. 이미 없어졌다고 믿고 살았지만 아직도 어두운 그림자에 묻혀 유혹의 습성을 버리지 못하고, 밤마다 지쳐 쓰러지는 하루가 현실과 이별을 고하는 순간에도 불쑥 얼굴을 드러내 놀라게 하고 있다.

기억의 저편 어느 항구를 근원지로 삼고 출현해 물이 있었던가 싶은 언덕을 따라 고래가 섬뜩하게 다녔을 그 길이 그려지고 있다. 불투명한 미래를 맞이하면서 내면의식 속에 잠재

되어 두려움을 떨치지 못하고 전전긍긍하는 현대인의 심리상태를 깊이 있게 묘사하는 표현 전략에 성공하고 있다.

당신의 아픔이 몇 도인지 몰랐습니다
계기판에 뿌옇게 엉겨 붙은 숫자들이 비웃을 때마다
성긴 마음들이 올라붙어서는
서러워서 볼 수가 없었습니다

핑계라면 핑계일지도 모르지만
알지 못한 인간의 반쪽 낯이었는지도 모릅니다
흘깃 한번 훑어보더니 반만치 달아나 버렸으니까요

잃어버렸거나
외면해 버렸거나
느끼지 못한 미열이 온밤을 휘저어놓고
태양처럼 끓어올라 보라며 핀잔을 주네요

참 몹쓸 사람

— 김장미, 「아픔의 온도」 전문

아픔은 육체적으로나 정신적으로 매우 괴로운 느낌이나 상태다. 그 정도를 온도로 측정하고 위로하고자 한다. 당신에게 아픔은 준 상대를 나무라고 싶다. 온도가 측정된다면 그 자체를 믿으려 하지 않고 오히려 화를 끓어 올리고 말 것이다. 가려져 있는지 아예 반쪽이었는지 보이지 않는 낯을 찾아낼 수 없다. 한 길 마음속을 볼 수 없다.

자기 본위로 반만 보고 생각하는 족속이 사람이다. 저질러 놓은 상처를 치료해 주려 하지 않는다. 책임 소재를 따지고

든다. 아픔의 온도는 상대방의 몹쓸 온도에 비례할 뿐이다. 본래가 그렇게 만들어지지 않았으면 불량품이다. 아픔은 몹쓸 사람이 준 상처로 은유와 풍부한 어휘력이 빛나고 있다.

달빛이 보고 싶은 밤
그저 멀찍이서 안부를 묻는다
보고 싶다고
보고 싶었다고

잠시 잊은 줄 알았는데
그저 마음속에 고이 숨겨두고
홀로 짝사랑하고 있었다고

은빛으로 내리는 달빛에
충분히 내 창은 반짝이고
내일로 데려다줄 시간의 마법에
밤잠을 설친다

— 김정오, 「달빛에게」 전문

달에서 빛이 비쳐 오면 어두운 길은 밝아진다. 달이 밝은 날에는 볼일이 많은 달이 화자를 만나려고 먼저 와 기다리기도 했다. 날이 흐려서 볼 수 없는 날도 있지만 대기오염으로 시야를 가리면 궁금하여 안부를 묻고 싶다.

상대가 생각지도 않는 줄 알고 혼자서 마음에 담고 있었다. 은빛 달빛으로도 내 창은 반짝였고 너무 환해 잠마저 쫓아내고 있다. 달빛을 매체로 화자와의 관계를 더욱 가까이 끌어당겨 떨어지지 않으려는 긴밀한 사이를 확인하려 한다. 잠시라도 멀어질까 두려워 한시도 마음 놓을 수 없는 긴장감을 신축성 있는 리듬으로 긴장 완급을 주도하고 있다.

긴 터널을 지나온 듯
깜박이는 눈동자가 처연하다
잃었던 시간을
오늘 밤엔 보상받자

아침이면 태양의 질투에
또 다른 날은 구름의 시기에
웃는 날만큼 슬픈 날도 많을 거야

별이 지면 늘
또 이렇게 노래한다
그립다 별 보고 싶다 별

별은 후회하지 않는다
단지,
이 밤을 마지막처럼 빛날 뿐

사랑한다 별
오늘 밤은
밤이라도 새려나 보다

— 문문자, 「별」 전문

예전엔 가난하거나 어려운 일을 당한 사람을 위로했건만 이제는 잘 보이는 날도 많이 줄고 자기 일에 성공한 스타들을 보고 위로받을 뿐 존재가 미약하다. 그러나 오늘은 깜박이며 잊었던 시간을 찾았다. 태양이나 구름의 질투와 시기에 슬퍼

했고 별이 지면 그리워지지만 항상 마지막 밤을 맞은 것처럼 빛난다.

전성기를 보내고 존재로 의미를 갖는 것이 어디 별뿐이랴, 기왕에 기억을 찾은 오늘 밤이라도 새라는 격려에 힘을 받고 인기를 잃었다고 실망하지 말라는 메시지가 짜릿한 전율로 가슴에 스며든다. 풍부한 어휘와 탁월한 시어의 선택은 이미지를 선명하게 비춰 준다.

겨우내
구부리고 잠자던 봄이
우연히 봄이 되었을까

온기가 있다지만
땅속에서 벗어나려
몸부림치며 아팠을 봄

힘들게 밀어내고
우리들한테 와주는 봄이
희망이고 향기로워 참 좋다

그런 봄을 보면
왠지 숙연해진다

— 박순옥, 「봄」 전문

세상에 저절로 되는 것은 없다. 구부리고 잠자던 봄이 땅속을 벗어나려 몸부림과 아픔을 하소연했을 것이다. 노력한 뒤에 얻어지는 결실로 다가오는 봄은 분명 선물이다. 새롭게 무언가 이뤄보고 싶은 충동과 함께 우리에게 와 준다. 저절로 이루어지는 것이 없듯 꽃들은 꽃이 지면 그 순간부터 다음 꽃을 피우기 위하여 준비한다.

언제나 때를 맞춰 사계절을 번갈아 찾아 주는 일을 기계처럼 우리에게 다가오지 않는다. 생명을 갖고 사는 동물과 식물이 공생한다는 사실 앞에 숙연해질 수밖에 없다. 함께 어우러짐에 공감과 깊이 느껴 마음을 움직이는 감동은 봄을 맞이하기 위해 꼭 필요한 요소다.

공원의 빽빽한 나뭇잎 사이로
햇살이 비집고 들어와
작은 나무 잎새에 내려앉았다

반짝반짝 빛나는 잎새
커다란 잎사귀를 쫑긋 세우고
햇살의 이야기에 신났다

어떤 재미난 이야기에
잎새는 저토록 간드러지는지
궁금해 죽겠는데 엄한 매미만 울어댄다

— 서수정, 「여름 이야기」 전문

나뭇잎이 빽빽하여 햇살을 우산처럼 가려져 그늘에 묻혔던 작은 잎새, 비집고 들어온 햇살 이야기에 신이 났다. 엉뚱한 매미만 자꾸 울어 들으려는 햇살 소리를 못 듣게 방해한다.

두각을 발휘하려 해도 주변의 여건이 좋지 않다가 우연찮게 마주한 인연에 즐거운 시간을 만난다. 남의 좋은 일에 궁금한 주변의 많은 관심 때문에 야속한 내면 의식의 흐름이 절

묘하게 묘사되었다. 그늘 속에 잎새는 햇살을 만나 녹색 식물이 빛에너지를 이용하여, 흡수된 이산화탄소와 수분을 유기물과 산소로 변환시켜줘야 하는 생물학적 상관관계가 자연과 사람의 생활을 비유하여 상부상조하는 섭리를 여름 이야기로 들려준다.

내 마음에
행복이란 작은 주머니가
들어 있어요

그 속엔 웃음도 들어 있고
즐거움도 가득 들어 있죠!

조심조심
나의 행복을 주워 담아서
임들께 나누어 주고 싶어요

너무 행복한 나머지
욕심이 넘쳐 나의 행복
주머니가 터질까 봐

내 웃음을 내 이웃에게
나누어 주고 싶어요

— 선지현, 「행복 주머니」 전문

생활에서 기쁨과 만족감을 느껴 흐뭇한 상태를 행복이라 한다. 행복 안에는 웃음도 있고 즐거움도 있다. 어떤 이는 행복을 좇아다니다 보지도 못하고 만나지도 못하였다는데 투명하여 눈에 보이지 않는 행복을 주머니에 담고도 남아 나눠 줄 생각을 했다.

부러운 일이지만 행복이 곁에 다가가도 알아보지 못하면 볼 수도 만날 수도 없다. 화자의 눈에는 행복이 잘 보이고 욕심을 내서 주머니를 채웠다. 불행을 만나더라도 설득을 시켜 행복으로 만들었다. 불행을 만나더라도 피하거나 다투지 말고 잘 받아들이면 행복이 되는 걸 몰랐다. 행복 이야기 속에 얼비치는 불행 이야기를 숨겨 행복의 가치를 높이고 있다.

아이는
작은 손 주먹 꼭 쥔 채
잠에서 깨어난다
버려진 현실을 모르기에
배고픔에 보채며 목놓아 울다
플라스틱 우유병으로
엄마의 젖가슴을 대신한다

배가 부르면 해맑은 웃음으로
다시 잠이 들고
누군가의 사랑이 그리워도
그렇다 할 줄 모르는
우리의 아기들이 오늘도
배부르면 웃고 배고프면 울고
또 하루가 간다

없는 줄도 모르는 엄마 대신
누군가 가슴을 꼬옥 껴안아
세상의 위로 들어 올려
빛나리라고, 네 세상이라고

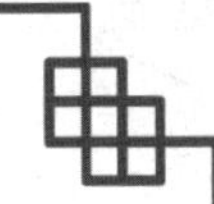

하늘 아래, 하나 부족함 없는
그런 별빛이라고
그런 웃음이라고

— 손장순, 「베이비박스의 하루」 전문

베이비박스는 버려진 현실을 모르는 천사들의 동네다. 엄마 배 속에서 작은 손 주먹 꼭 쥔 채 지내던 습관을 그대로 지닌 채 하루를 보낸다. 엄마 얼굴을 익히기도 전에 탯줄로 빨던 사랑을 병우유로 받아야 하는 사랑과 아직은 부족함이 없는 것처럼 웃는 얼굴이 슬프다.

어떤 대책도 없이 사랑만으로 잉태되었지만 생명의 고귀함을 알기에 말 떨어지지 않는 안타까움과 슬픔의 언덕을 넘으며 여유 시간을 달라며 매달리는 하소연을 뿌리치지 못하는 사랑의 손길을 잡아주는 곳이 베이비박스다. 사람이 갖고 있는 사랑을 모두 꺼내 주어도 갚을 수 없는 큰 사랑이 베풀어지고 있다.

바닷바람 불어와
송향 맡으며 걷는 백사장
한여름의 눈 밟는 소리
모래 발자국 속에 추억 남기며
푸른 물에 몸 담근다

백사청송 변산해수욕장에서
추억을 만들어 가니
석양은 고슴도치 머리 위로
붉은 주단을 펼치며

수평선 너머로 숨는다

— 신현각, 「변산해수욕장」 전문

한여름에 맡는 송향과 눈 밟는 소리, 고슴도치 머리 위로 붉은 주단을 펼치는 석양, 화자의 감각을 파고들어 변산해수욕장이 주는 이미지다. 서해안에 위치한 해수욕장에서 해가 넘어가도록 추억을 만들어내는 화자의 감성이 담겨 있다.

송향을 맡는 산책은 서해안의 특징이다. 아마도 동해를 택하지 않는 이유일지 모른다. 맑고 푸른 동해로서는 눈 밟는 소리가 듣기 어려울 것이다. 고슴도치는 서산 산등성이에 서 있는 나뭇가지가 아닐까 싶다. 서산에 걸려 있는 태양이 가시에 찔린 것만 같은 아픔을 느낄 수 있다. 낭만이 함께하는 해수욕장의 풍경이 한 폭의 그림으로 펼쳐진다.

낙인이 찍힌 듯이 붉어진 들녘에서

엽서에 한 줄 사연 그대에게 보낸다

길 위에 뒹굴고 있는 세월의 추억 담아

낙관 찍혀 매달린 저 붉은 나뭇잎들

엽기적인 어울림에 두 눈은 멀어가고

길가엔 먼저 떨어진 낙엽들의 아우성만

— 우현식, 「낙엽길에서」 전문

붉어진 들녘과 매달린 저 붉은 나뭇잎들이 봄에는 싱싱하고 푸르렀던 세월의 추억을 지녔다. 누군들 길가에 먼저 떨어져 아우성치는 낙엽이 되길 바랐을까. 1연에서 3행을 1, 2행이 행동으로 풀어 주며 도치시키는 기법으로 의미를 강조하고, 2연에서는 3행, 2행, 1행으로 도치를 거듭하고 있어 색다른 의미로 다가온다.

먼저 떨어진 낙엽들과 매달린 저 붉은 나뭇잎들은 서로 괴이한 것에 호기심과 흥미를 갖고 즐겨 찾아다닌다고 어울림을 호도하고 있다. 가지와 이파리 사이에 정이 끊겨 떨어지면서도 한 줄 사연을 띄우는 낙엽은 땅에 떨어지기 전까지 상념을 저버리지 못한다.

언제부터일까
이슬에 옷 젖듯 젖어 들고 있었다

바람이 불면 바람결에
햇살이 비추면 그 빛에
점점 그렇게

특별해 특별하지 않은 날
나는 네가 되어있었다

— 이금주, 「중독」 전문

중독은 술이나 마약 따위를 계속적으로 지나치게 복용하여 그것 없이는 생활이나 활동을 하지 못하는 상태다. 이슬에 옷 젖듯 젖어 드는 과정을 닮았다. 바람이 불면 보잘것없는 나약한 바람결에도 요지부동이던 물체가 부스러져버렸다. 햇살이 비추면 그 빛에 맑고 선명하던 색감을 자랑하던 페인트칠이나 그림의 색깔이 날아가 버렸다.

좋아하는 것에 대하여 닮아 가는 과정을 인식 못 한 어느 날 내가 아닌 너로 변해 있었다. 닮아 가는 것은 습관과 중독의 방향과 같이 천천히 간다. 이름 짓기를 소중히 다루는 것은 그 이름처럼 되라고 평생 불러 주기 위한 또 하나의 중독이다.

어쩜 저리 서로서로
한 몸 되어 잘도 챙기는 걸까?
담쟁이 저세상은 초록빛 세상
싱그러움 가득 안고 아침 인사
먼저 건네는 담쟁이 가족

담장 밑 염소 지나가던 고양이
집 지키던 강아지 멀리 서 있던
암소까지 어슬렁거리며 담쟁이 가족
초록빛 세상 구경하러 온다

밤사이 아기 담쟁이 기어오르다
힘에 부쳤는지 아빠 담쟁이 등에
업혀져 새근새근 잠들어 있고

어디까지 올라야 끝인지 모른 채
그저 한없이 올라가는 담쟁이 가족
오늘따라 벽은 한없이 높아 보이지만
서로 보듬으며 잘도 올라간다

— 이미선, 「담쟁이 가족」 전문

담쟁이는 우리가 불가능하다는 생각에 사로잡혀 있을 때도 벽을 어렵지도 않게 오른다. 그렇게 사는 것이 삶으로 받아들여져 그러려니 오르며 산다. 하나도 낙오 없이 서로 한 몸이 되어 챙기면서 산다. 주변에 염소, 고양이, 강아지, 암소까지 담쟁이 가족 초록빛 세상 구경하러 온다. 담쟁이 가족의 이야기는 이기주의가 팽배한 우리 사회의 단면을 보여 준다.

어려움에 도전한다는 것은 희망을 안고 있을 때 가능하다. 아무리 높다 하더라도 합심하면 못 오를 게 없다. 평범한 진리를 실천하는 담쟁이 가족을 우러러보게 한다. 한없이 높아 보이는 벽도 두려움을 버리고 오를 수 있는 용기가 샘솟는다.

> 둘이서 사이좋게 나란히 같이 가고
> 두세 발 도약 위해 한 발짝 물러서네
> 정상에 다다를 무렵 뒷덜미를 잡히네
>
> 앞서다 잡히면서 웃음은 절로 나고
> 단 한 번 실수한 말 전세가 역전되네
> 인생은 요지경 같은 윷판과도 같다네
>
> — 이원구, 「윷놀이」 전문

윷놀이를 즐기면서 벌어지는 여러 가지 경우들을 만나면서 사람들의 생활 모습과 흡사하다 여겨진다. 앞으로 어떻게 전개될지 알 수 없는 상황에 미리 대처하지 못하는 가운데 당하는 당혹감은 어쩌지 못한다. 욕심이 과하여 벌어지는 것을 후회하기도 하고 승승장구하던 상대방이 잘못되어 자신이 유리해지면 환성을 지르는 윷놀이 판이다.

어차피 인생은 승자에게 영광이 돌아간다. 내면에 숨겨 있는 내기의 근성을 갖고 무엇을 하든 잘해야 하고 잘 살아야 한다는 경쟁심리를 떨칠 수 없다. 일정한 조건을 걸고 승부를 겨루는 것은 사람이 사는 방법 중에 가장 많이 쓰이는 것인지도 모른다.

잔잔한 바다는 가끔 파르르 떨게 하는 재주가 있다
높게 치솟는 혈압과 세차게 퍼붓는 욕설이 수평선을 떨게 한다
가끔 달콤한 사탕으로 유혹했다가 언제 그랬냐는 듯 우박이 쏟아진다
하얗다고 생각하면 어느새 진한 회색 먹구름이 되고
잔잔하다가도 세찬 물보라를 만들어 당황케 하는 재주가 있다
어둠이 짙게 깔리고 우산을 쓴 나그네가 서 있다
먼 바다와 빨간 등대는 그를 지켜본다
숨을 죽이고 또 죽이고 파도까지 죽인다
한참을 서 있던 나그네는 발길을 돌린다

— 장봉균, 「수평선」 전문

파도는 잔잔한 수평선을 떨게 한다. 하얗다가도 회색 먹구름이 되고 잔잔하다가도 세찬 물보라로 놀라게 한다. 어두워져 나그네를 발견한 바다와 등대가 파도까지 죽이자 그는 발길을 돌린다. 하늘과 바다가 멀리 맞닿아 경계를 이루는 선이 수평선이다. 변화무쌍한 모습으로 움직이다 화자인 나그네를 발견하고 모두를 죽이고 가라앉힌다.

누가 보지 않고 놓아 두면 발광을 하고 주체를 못 하다가도 누가 지켜보고 있으면 자중하는 수평선의 양면성을 드러내고 있다. 수평선을 의인화한 표현 전략으로 신축성 있는 리듬감을 주면서 이미지를 만드는 데 성공하고 있다.

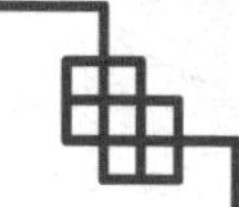

촉촉한 눈물의 편지
비탈길 난곡을 기어오르는 울음
엎드린 몸 추스르지 못한 마음
영문을 모르는 아기가 뒤척인다
별빛만큼 아득한 우주 속으로
요람은 일렁이는 파도 위를 떠돌며
위태롭게 나대는 일엽편주마냥
말로 표현 못 할 아찔한 순간이다
가로등 불빛에 젖은 상자
매일 잉태와 출산을 하는 담벼락
뭉개진 가슴으로 이별하는 밤이 슬프다

서로가 숨죽이는 순간
문이 닫히고 내빼는 천륜지정
사람아 들리는가
촉각을 곤두세우는 아기의 비애(悲愛)
어둠이 혈육의 흔적을 지우고
흐느낌이 서로의 정을 까맣게 색칠한다
아가야 너는 꼭 살아야 한다
희망을 남겨 두고 사라지는 밤이 싫다
눈물만큼 쏟아지는 별빛
오늘도 이별의 현장엔 달빛만이 증인이다
아… 사람이 미워지는 날

— 장선호, 「희망을 남겨 두고」 전문

수많은 고민과 고통 속에 내려진 결정이다. "아가야 너는 꼭 살아야 한다"는 희망을 남겨 두고 가는 밤이 슬프다. 무거운 이 걸음이 누구의 눈에도 띄지 않기를 숨을 죽이며 접근해야 했던 순간을 어찌 잊을쏜가, 생명을 살려야 한다. 다시 찾아와 아가를 데려가겠다는 약속을 지켜야 한다. 아무런 대책도 없이 저지른 잘못 두 번 다시 않기를 다짐한다.

베이비박스는 버려진 아가를 담는 상자일 뿐만 아니라 아가를 버린 부모의 약속을 받아 두는 상자다. 화급을 다투는 생명의 보존을 위하여 앞장서는 고귀한 사랑이, 더 이상 버려지는 일이 없기를 기도하는 마음으로 갖는 아직 포기할 수 없는 이유다.

이별을 견디는 비결은
내가 왔던 길로
다시 돌아가는 것이 아니라

왔던 길을 돌아보지 않고
앞으로 한 걸음을 내딛는 것이다

내가 딛는 첫걸음이
새로운 시작이니까

모든 이별은 시간이 지나면

물처럼 무디어진다

— 정이란, 「행복이 행복에게 말합니다」 전문

행복은 생활에서 기쁨과 만족감을 느껴 흐뭇한 상태를 말한다. 이별로 인한 기다림은 죽음보다 고통스럽다고 했기에 이별을 견디는 것은 무엇보다 행복에서 가까워진다. 내가 왔던 길로 다시 돌아가지 않고 앞으로 한 걸음을 내딛는 것이라고 새로운 시작을 권한다.

이별은 지난 추억을 되새김질하듯 몇 번이고 돌이켜 생각하며 잊으려고 하면 더 생각난다. 차라리 기억을 떠올리지 않고 새롭게 변화를 추구하는 것이 좋다. 그러면 어느 사이에 잊고 만다. 시간이 해결해 준다는 것 또한 일찍이 포기하라는 말과 같은 맥락이다. 행복은 늘 우리 곁에 머물고 있지만 욕심 때문에 우리는 만나지 못하고 있다.

3. 나오는 글

문학동인은 문학에 뜻을 같이하는 사람들이다. 그러나 한국베이비박스문인협회는 베이비박스 사랑을 실천하는 정신을 바탕으로 창작 활동을 하는 사람들의 단체다. 필자는 그동안 몇 번 출판기념행사에 참여했지만 이번에 서평을 쓰면서 회원님들의 작품을 먼저 읽어 볼 수 있는 기회를 갖고 베이비박스 사랑에 관한 간접체험을 할 수 있었던 것은 활동의 의미를 이해하는 데 크게 도움이 되었다.

가장 큰 사랑은 생명을 보살펴 주는 일이다. 영아가 버려지는 일이 발생하여 수습하기에 바쁜 현실보다는 미리 공공기관 차원에서 예방하여 가급적 줄여나가는 사회적 관심이 시급하다고 여겼다. 특히 장애를 가진 영아들은 부모만의 고통으로 치부해서는 안 될 것이다.

회원님들의 베이비박스 사랑이 작품 속에 잠재되어 철철 넘치고 있다. 이 작품들이 많은 일반 독자에게 읽혀 애쓰는 노력이 국가가 지원하는 제도가 생기는 데 밑거름이 되기를 바라며 장선호 회장과 모든 회원님의 노고에 박수를 보낸다.

베이비박스에 희망을 싣고 -제6집-

한국베이비박스문인협회

인쇄 1판 1쇄 2019년 12월 12일
발행 1판 1쇄 2019년 12월 19일

지 은 이 : 한국베이비박스문인협회
펴 낸 이 : 김천우
펴 낸 곳 : 도서출판 천우
등 록 : 1992. 2. 15. 제1-1307호
주 소 : 서울시 성동구 무학봉28길 6 금용빌딩 2F
전 화 : 02)2298-7661
팩 스 : 02)2298-7665
http://moonhak.wla.or.kr
E-mail : chunwo@hanmail.net

값 15,000원

ISBN 978-89-7954-797-9